CD付 オリンピックで
よく見るよく聴く

国旗と国歌

吹浦忠正・新藤昌子　著

三修社

はじめに

　この本をお手に取ってくださり、ありがとうございます。私のはじめての著書です。シューベルトと出会い、ドイツ語のアヴェ・マリアに感動し、この名曲を届ける歌手になりたいと思ったのが小学校 6 年生のとき。音楽家を目指した原点です。本格的な音楽大学進学への勉強は、中学生から始めました。遅いスタートでしたが、音楽への情熱と、聴いた音と同じ音がすぐ出せること、インプットした音をすぐにアウトプットできる「耳」の良さが私の武器でした。

　国歌との出会いは、2007 年です。旧知の山元雅信学長が主宰される（一社）山元学校に呼ばれ、当時台湾の駐日代表だった許世楷氏のご講演前に、台湾の国歌を歌っていただけないか、と依頼されたのが始まりでした。すでに二期会ソプラノ歌手として、国内外で約 20 年のキャリアを積んでいた私の、世界の国歌デビューとなりました。

　このきっかけから、国家の象徴である国歌にどんどんのめり込んでいきました。音楽家として日本と相手国、2 国間の音楽による架け橋になりたいと強く思いました。どの国の国歌も、一流の詩人と作曲家の作品であり、各々のメロディの美しさとともに、言語の多様性に触れられることが大きな魅力です。ここで私の「耳」の良さが大いに役立ちました。いかなる言語の発音でも、あまり苦労なく自分のものにできます。本国の方々から「どこに何年住んでいらしたの？」と聞かれることが、最高のご褒美です。

　やがてご縁が次々と繋がり、各国の駐日大使閣下、令夫人と親交を深めていきました。離日されても今なお、大切な友人です。

　私がこれまで国歌を歌ってきた場所は、国の行事や国際的なスポーツ・イベントです。つまり、建国記念日や政府要人の来日歓迎レセプション、国体や世界選手権などですから、毎回たいへんなプレッシャーを受け、並大抵の取り組みでは済まないものでした。本国の方に認めていただける発音で歌うこと、「一音入魂」の精神をもって、1 か国ずつ学んでいきました。同じ言語でも国によって、発音の違いがあり、必ず大使館でネイティブ・チェックを受けるか、

Introduction

その言語の専門家のご指導を仰ぎます。

国歌は本国の人にはとても身近な歌です。歓迎する気持ちに溢れていても、友好関係を結ぶのに最適と思っていても、おもてなしを表現しようとしても、「国歌」そのものの取り扱いを気をつけないと、非礼この上ないこととなってしまいます。間違いが許されないのです。

慎重、かつ丁寧に向かい合うべきもの、そのことをお伝えしたい！　と思い、この本に着手しました。10年にわたって、各国の国歌を歌ってきた私のすべてを、大切にしてきた想いとともに、この本にまとめました。

世界の国歌に興味を持っていただき、歌ってみようかな、と思った時から、国際交流の第一歩が踏み出されます。音楽での世界旅行を楽しんでいただけたら、こんなにうれしいことはありません。

洗足学園音楽大学現代邦楽研究所所長の森重行敏教授、葉山生命科学研究所所長の葉山隆一博士、アセアン・フィナンシャル・ホールディングスの西川敏明会長兼社長、紙ヒコーキ舎の藤代勇人社長にはたいへんお世話になりました。心より御礼申し上げます。

国旗と国歌はいわばパートナー同士、本書の執筆にあたって、吹浦忠正共著者には、数々のご助言をいただき、深謝申し上げます。飯塚俊哉さんという共通の友人が「新垣隆君のピアノ伴奏でCD付の共著にまとめたら」と、三修社（前田俊秀社長）に話を持ち掛けてくれました。国際会議・通訳・翻訳で実績のあるバイリンガル・グループ（郷農彬子社長）、シルバーバックス・プリンシパル（日野洋一社長）のご協力で本書を上梓することができました。

いつも美味しいごはんで応援してくれる母、とびきりの笑顔で元気をくれる愛娘、そして天国から見守ってくれた亡き主人平澤篤に、この本を捧げます。

2019（令和元）年盛夏

新藤昌子

もくじ

01 アメリカ合衆国 6

02 アルゼンチン共和国 12

03 イギリス（グレートブリテン及び北アイルランド連合王国） ... 21

04 イタリア共和国 26

インド 32

インドネシア共和国 36

ウルグアイ東方共和国 40

05 オーストラリア連邦 50

オーストリア共和国 58

06 オランダ王国 54

カタール国 60

07 カナダ 64

08 ギリシャ共和国 70

クロアチア共和国 76

コロンビア共和国 80

09 サモア独立国 84

ジョージア（旧グルジア） 90

スイス連邦 94

スウェーデン王国 100

スペイン王国 104

タイ王国 108

10 大韓民国 112

11 中華人民共和国 118

デンマーク王国 124

12 ドイツ連邦共和国 128

トンガ王国 134

おことわり　公的機関で認められている和訳がない場合は参考訳として記載。スペースの関係上、一部の言語のみ記載されている国歌もある。

Contents

🎧13 日本国 ··· *138*

🎧14 ニュージーランド ··································· *144*

ノルウェー王国 ·· *150*

フィジー共和国 ·· *154*

フィリピン共和国 ······································ *158*

フィンランド共和国 ··································· *162*

🎧15 ブラジル連邦共和国 ······························· *168*

🎧16 フランス共和国 ···································· *178*

🎧17 ベトナム社会主義共和国 ························· *184*

ベルギー王国 ··· *190*

ポーランド共和国 ······································ *196*

ボスニア・ヘルツェゴビナ ·························· *200*

🎧18 ポルトガル共和国 ································· *204*

🎧19 南アフリカ共和国 ································· *210*

🎧20 メキシコ合衆国 ···································· *216*

🎧21 ロシア連邦 ··· *222*

🎧22 オリンピック賛歌 ································· *228*

コラム

国旗・国歌は変わる ······································· 19

ピョートル大帝がパクった？　ロシア国旗 ············· 99

特殊な国旗・国歌の扱いをするサウジアラビア ········ 106

簡単にはいかない国名の呼称変更 ······················ 107

「にほん」と「にっぽん」がある日本 ·················· 143

国名を変えた国も ·· 177

国歌との出会い〜想うこと ······························ 202

変わりそうで変わらない国旗も ·························· 203

🎧マークの数字は本書付属 CD のトラック番号を表しています。

アメリカ合衆国
United States of America

国旗解説

「星条旗」。左上隅の50星が現在の国を構成する州の数を、赤と白の13本の条(すじ)が独立当時の13州を表す。星は州の数が増えるたびに、次の独立記念日（7月4日）からその数が増えていく。1912年以来、長く48星だったが、アラスカの州昇格で1959年に49星に、ハワイの州昇格で1960年以降は50星となっている。この50星の「星条旗」はすでに最長期間アメリカ合衆国の国旗として継続していて、2020年7月4日には60周年を迎える。

　大統領就任式では、議事堂の正面にそのときの「星条旗」とともに、1783年の独立当時の2つのデザインの国旗が各2枚掲揚される。独立当初の13の星が、横に3,2,3,2,3個配置されているものと、13が円状に並んでいるものであるが、これは当時、両方が国旗として使用されていたものだ。江戸時代末期、ジョン（中浜）万次郎（1827～1898）は1841年1月に遭難し、6月に米捕鯨船に救助され、約10年、滞米生活ののち、1851年2月、薩摩に帰国した。この間、万次郎が接した「星条旗」は26星（1837～1845）、27星（1845～1846）、28星（1846～1847）、29星（1847～1848）、30星（1848～1851）の5つに及ぶ。

　また、1853年、マシュー・ペリー提督以下の「黒船」が来航したときには31星の「星条旗」を掲げていた。1945年9月2日、東京湾上の戦艦ミズーリで日本の降伏調印式が行われたとき、連合軍最高司令官ダグラス・マッカーサーは、ペリーが用いたその旗をワシントンＤＣから取り寄せ、1941年12月7日（現地時間）の「真珠湾攻撃」時にホワイトハウスに掲げられていた「星条旗」とともに、式場に展示した。「日本を国際社会に引き込んでやった国に対して奇襲攻撃を加えたことはけしからん」という意を示したものと、重光葵外相に随行した加瀬俊一(かせとしかず)は感じたと記している。

国歌解説

題名は"The Star-Spangled Banner"で「キラキラと星が輝く旗」という意味。日本では『星条旗』と呼んでいる。国歌が生まれた背景には、アメリカ独立の歴史と深いかかわりがある。

1814年、アメリカはイギリスからの独立を目指し戦争をしており、東海岸では激しい戦いが繰り広げられていた。弁護士フランシス・スコット・キーは、敵艦に捕らわれた友人を救出するため、イギリス軍艦に乗り込み交渉を進めた。釈放は成功したが、イギリス海軍によるマクヘンリー要塞砲撃のため、キーは抑留されてしまった。イギリス側の苛烈な砲撃は丸1日続いたが、翌朝猛攻に耐えたマクヘンリー要塞には依然として星条旗がはためいていた。その光景を見て感動したキーがわずか数分で詩を完成させたという。曲は当時アメリカで愛唱歌として知られていたメロディに合わせて作られ、現在のアメリカ国歌になった。

アメリカで流行していたそのメロディは実はイギリス発祥だった。『天国のアナクレオンへ』というイギリスの歌が、アメリカ国内でさまざまな替え歌によって親しまれていたといわれている。

日本とは黒船来航以来の関係を持ち、文学ではヘミングウェイ、スタインベックなど多くの作家を輩出、ヨーロッパの伝統美術から派生しながら独自の価値観を生み出したアメリカ美術は、現代アートのリーダー的存在。ハリウッド映画は世界をリードし、黄金期には『風と共に去りぬ』『ローマの休日』など枚挙にいとまがない。アメリカン・ニューシネマを経て、スティーヴン・スピルバーグ、ジョージ・ルーカス、フランシス・コッポラらの映画監督が登場、ウォルト・ディズニーも忘れてはならない。音楽においては、ブルース、ジャズ、カントリーミュージック、ロック、ソウル、ヒップホップなどを生み、多くのアーティストが世に出た。ミュージカルは、ヨーロッパのオペレッタから派生している。スポーツにおいては常に世界をリードする大国であり、アメリカン・フットボール、野球、バスケットボール、アイスホッケーが4大スポーツである。

The Star-Spangled Banner

O say can you see,
by the dawn's early light,
What so proudly we hailed
at the twilight's last gleaming?

Whose broad stripes and bright stars,
through the perilous fight,
O'er the ramparts we watched
were so gallantly streaming?

And the rockets' red glare,
the bombs bursting in air,
Gave proof through the night that
our flag was still there,

O say does that Star-Spangled
Banner yet wave.
O'er the land of the free
and the home of the brave?

第 1 節のみ掲載

星条旗

おお　見えるだろうか
夜明けの薄明かりの傍らにあるのを
薄暮の最後の閃光の中で
我々が誇らしく称えたあの旗が

その長い横縞と輝く星々が
危険な戦いの間中
我々が見ていた防塁の上方で
勇ましく揺れるのを

ロケット砲の赤き閃光と
空中で炸裂した砲弾が
夜通し証明した
我々の旗が未だそこに掲げられていることを

おお　星条旗は今も翻っているだろうか
自由な人々の地のために
そして勇者の祖国のために

歌唱ポイント

　国歌解説で前述したように、1812 年独立戦争で宗主国イギリスからの攻撃から守り抜いた要塞の上に星条旗がはためいていた光景に感動した歌詞には、O という感嘆詞や反語的に「？」を用いた疑問文があります。歌詞に「？」が使われている国歌はアメリカとイタリアなど数か国しかありません。

　O say can you see（↗）by the dawn's early right（↘）

　What so proudly we hailed（↗）at the twilight's last gleaming?（↘）

　音楽の自然な流れは音が上行（高くなっていくこと）すると高揚し、下行（低くなっていくこと）すると沈静していく特色があり、この前半部分はまさに問いと答えのような対の関係になっています。

　And the rocket's red glare, ～と続くこのフレーズからいわゆる「展開部」となり、声の魅力を存分に発揮していきたいところです。glare や air の 2 分音符は朗々と伸びやかに歌いましょう。音は段々低くなりますが、that our flag was still there, は我々の旗が未だそこに掲げられているという感動を以って、丁寧に想いを歌いたいところです。

　O say does that Star-Spangled Banner yet wave.

　ここからが音楽も歌詞の内容も一番大切なところ、サビと呼ばれる部分です。Star-Spangled Banner は星条旗を意味し、国歌の題名でもあります。音楽は ～Star-Spangled と Bannner～ が繋がらなくてもいいように小節が分かれています。私（新藤）は Star-Spangled Banner という 1 つのフレーズの途中で息継ぎをしたくないので、O say のあとで息継ぎをし、後はひと息で歌います。続く free の長い最高音はテンションがマックス。できれば音程をもう 4 度上げてオペラのような高音を響かせて歌うと、さらなる感動を誘います。長い音符や高い音は音楽の重要な魅せどころ（聴かせどころ）です。

　アメリカ国歌ほど、テンポやリズムに至るまで、歌手によって変幻自在にアレンジされて歌われる国歌は、世界に類をみません。

アメリカ合衆国　11

アルゼンチン共和国
Argentine Republic

国旗解説

　19世紀初頭、ラプラタ地方の植民地人(クリオーリョ)は、本国スペインの植民地政策に不満を持ち、他方、南米への勢力拡張を考えていたイギリスは一部の植民地人に取り入り、貿易額を増やしていた。1806年、イギリス艦隊がブエノスアイレスを襲い、関税の引き下げを宣言したが、大半の植民地人たちはフランス軍人の指揮下でイギリス勢力を駆逐、独立の機運が急激に高まった。青と白はこの時戦った植民地人たちの軍服の色。1810年、ナポレオンがスペインに進入すると、植民地人の兵たちはスペインの副王を辞職させ、新政府を樹立した。国旗の太陽は、独立戦争中は雨が降り続いたが、勝利の日には照り輝いたという「五月の太陽」で、この国の独立の象徴。2019年の日本で開催するラグビーW杯には9大会連続9度目の出場となる。独立運動の指導者マヌエル・ベルグラーノ将軍がロサリオでのスペイン副王軍との戦いで、両軍の旗が同じ赤と黄色の旗であることに気付いて、まったくイメージの異なる旗として考案したと伝わっている。

　明るい空色は1810年5月25日のリオ・デ・ラ・プラタ副王領政府に対するブエノスアイレス市民隊の蜂起（五月革命）の際の徽章に由来、中央の太陽は「五月の太陽」と呼ばれ、古代インディオの、つまりインカ帝国の独立の象徴である太陽神インティを表す。ベルグラーノはインカの皇帝を復位させての君主制をも考えていたと伝えられる。

　政府発行の資料によると、やや淡い青は大空・正義・真実・友情・海や国土などを表し、白は国を潤す母なるラプラタ川を表す。また、国民の純粋性を純潔や平和への希求を表すともいわれる。

　独立運動のとき、雨が降り続いたのに、勝利の日には太陽が顔をのぞかせて、歓びが一層高まったともいわれている。

　アルゼンチンでは独立の英雄ベルグラーノの命日である6月20日にちなみ、6月の第3月曜を「国旗の日」という祝日にしている。

アルゼンチン共和国

国歌解説

　題名は"Himno Nacional Argentino"『アルゼンチン国歌』で、征服されていたインカ帝国滅亡後も引き続きスペインの支配下にあった影響から、言語はスペイン語である。

　国歌を意味する英語には"anthem"と"hymn"と２つある。日本語ではともに「賛歌」と訳されることが多いが、厳密にいうと国（物）や英雄（人）をたたえるのがアンセム、神を称えるのがヒム「讃歌」で、少しニュアンスが異なる。題名にある"himno"は"hymn"のスペイン語である。

　独立戦争中の1813年、ビセンテ・ロペス・イ・プラネスが作詞、ホセ・ブラス・パレーラが作曲、フアン・ペドロ・エスナオーラが編曲を行い、国歌として制定された。作詞者のロペス・イ・プラネスは1827年から1829年に大統領を務めた政治家であり、独立運動に大きく関わった詩人でもあった。『愛国行進曲』『愛国国歌』とも呼ばれ、全９節にわたり自由や平和、平等などを歌ったものだが、現在は反スペインの文言が除かれ、第１節と第９節の詞が歌われることが多い。

　エルサルバドルやウルグアイなど、南米の国歌は総じて長くてスケールの大きいのが特徴だが、アルゼンチンの国歌も壮大なオペラを思わせる緩急強弱の変化に富む、実に見事な楽典で、演奏時間は４分を超えることもある。そのためオリンピックなどでは短縮版の演奏がなされ、しばしば前奏のみで終わってしまうこともある。

　19世紀後半、南米を代表する音楽の１つであるタンゴが首都のブエノスアイレスで誕生。そのアルゼンチン・タンゴはヨーロッパに渡りコンチネンタル・タンゴの基礎となった。作曲家でありバンドネオンの名手、ピアソラの『リベルタンゴ』は必聴である。

Himno Nacional Argentino

¡Oid mortales! el grito sagrado:
¡Libertad, Libertad, Libertad!
Oid el ruido de rotas cadenas:
Ved en trono a la noble Igualdad.
¡Ya su trono dignísimo abrieron
Las provincias unidas del Sud!
Y los libres del mundo responden:
¡Al Gran Pueblo Argentino Salud!
¡Al Gran Pueblo Argentino Salud!
Y los libres del mundo responden:
¡Al Gran Pueblo Argentino Salud!
Y los libres del mundo responden:
¡Al Gran Pueblo Argentino Salud!

Sean eternos los laureles
Que supimos conseguir.
Que supimos conseguir.
Coronados de gloria vivamos
O juremos con gloria morir.
O juremos con gloria morir.
O juremos con gloria morir.

アルゼンチン国歌

民よ聞け　聖なる声を
自由を！自由を！自由を！
聞け　鎖のちぎれる音を
見よ　高貴な平等が王位に就くのを
南部諸州が連合し
今こそ栄誉ある王座が開かれた
そして世界の自由な民がこれに応える
「偉大なアルゼンチンの民に敬礼！」
「偉大なアルゼンチンの民に敬礼！」
そして世界の自由な民がこれに応える
「偉大なアルゼンチンの民に敬礼！」
そして世界の自由な民がこれに応える
「偉大なアルゼンチンの民に敬礼！」

名誉よ永遠なれ
我らは勝ち取る術を知る
我らは勝ち取る術を知る
栄光の冠とともに生きん
さもなくば名誉ある死を誓わん
さもなくば名誉ある死を誓わん
さもなくば名誉ある死を誓わん

アルゼンチン共和国　　*15*

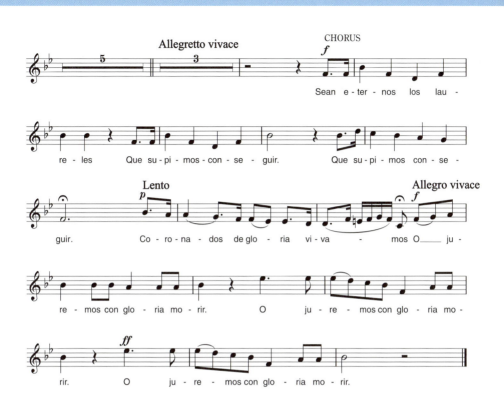

アルゼンチン共和国

歌唱ポイント

　雄大に続く前奏は、24 小節にわたり、おもむろに Moderato（モデラート＝中くらいの速さ）で、歌が始まります。「民よ聞け　聖なる声を～」と f（フォルテ＝強く）で歌い出し、「自由を！　自由を！　自由を！」（Libertad＝リベルタス）この最後の発音記号は「θ＝th」の音で柔かく舌をかんで発音してください。「自由」という言葉の重さを感じます。「見よ　高貴な平等が～」を p（ピアノ＝弱く）で始め、「南部諸州が連合し（Las Provincias unidas del Sud）」はしっかり f（フォルテ）で歌いましょう。「そして世界の自由な民がこれに応える」と続くメロディは悲し気に短調となり p（ピアノ）から歌い始めましょう。「偉大なアルゼンチンの民に敬礼！」という歌詞は合計 5 回出てきますが、強弱の変化をつけて、国名のアルゼンチンを大切に、丁寧に歌いましょう。

　後奏が終わると曲調が劇的に変わります。Allegretto vivace（アレグレット　ヴィヴァーチェ＝快活に速く、生き生きと）とあるように基本のテンポが ♩＝ 126 と速くなります。ワクワクするような 3 小節の前奏の後、「名誉よ永遠なれ　我らは勝ち取る術を知る」と始まり、勝利を手にした喜びと、強い意志を明るいメロディに乗せて、元気よく歌いましょう。2 回目の「我らは勝ち取る術を知る」から ♩＝ 76 と少しテンポがゆっくりになります。さらに Lento（レント＝ゆるやかに、遅く）、そして p（ピアノ）で歌い出しますが、大切な言葉を、心を込めて大事に歌う p（ピアノ）と解釈しましょう。「Coronados ～（栄光の冠とともに生きん）」と美しく歌ったら、すぐに Allegro vivace（前出）と ♩＝ 144 のさらに速いテンポで、おしまいまで歌い切りましょう。「さもなくば名誉ある死を誓わん」ととても激しい言葉が使われていますが、力強いメロディが素敵です。

　変化に富み、ドラマティックに盛り上がるアルゼンチンの国歌は、自由を勝ち得た愛国心に満ちています。大合唱で歌う場合、このような大幅なテンポの変化は、すぐに対応するのは難しいのですが、たくさん歌い込むとその呼吸もわかってきます。「歌は 3 分間のドラマ」と言われますが、4 分近い長さで、とてもドラマティックな展開を見せるアルゼンチンの国歌は、聴いていても、一緒に歌っても感動的です。

コラム column 　国旗・国歌は変わる

　1964 年の東京オリンピックの開会式では 94 の国と地域（以下、国）の旗手が誇り高く自国旗を掲げて行進した。あの日、入場門のすぐ前で、筆者は旗手が持つギリシャ、アフガニスタン、アルバニア……と 1 つひとつの国旗を再々確認していた。国旗で間違いを起こしてはいけないという至上命令に、何度もチェックしたとはいえ、恐怖に似た使命感で緊張していた。

　昭和天皇の前で各国の旗手は少し旗を前倒しして敬意を表した。あれから 55 年、これまでに、約半数の 48 か国の国旗が 1 回以上変更になっている。

　革命や価値観の変化などで国歌が変わる例も多々ある。東京大会の開会式で北ローデシアとして参加した選手団は、閉会式の日に独立してザンビアとなり、国名とともに国旗も変更となった。カナダはイギリス色の強い国旗を 1964 年の東京オリンピックの 4 か月後に今のカエデの国旗に換えた。ソ連崩壊により旧ソ連加盟国は 15 の共和国となりそれぞれに国旗・国歌を採択したが、ロシアは帝政時代の国旗に戻し、グリンカの曲を国歌とし、それが不人気なので、ソ連国家の歌詞を換えて曲は復活させた。ネパールは国王をたたえる歌詞を廃棄して共和制の国らしいものになった。

（吹浦忠正）

イギリス
（グレートブリテン及び北アイルランド連合王国）
United Kingdom of Great Britain and Northern Ireland

国旗解説

「ユニオン・ジャック」（組み合わさった旗）または、「ユニオン・フラッグ」の名で世界中で親しまれている英国旗。「ジャック」は船首に掲げる、船籍を示す小さな旗の意。1603年にイングランドの旗である白地に赤十字（聖ジョージの十字）の旗に、スコットランドの青地に白の斜十字旗（聖アンドリュースの十字）、1801年にアイルランドの白地に赤の斜十字旗（聖パトリックの十字）が組み合わさったもの。1801年1月1日以来、デザインの変更はないが、スコットランドの独立やイギリスのＥＵ（欧州連合）離脱の動きなどもあり、国旗の将来は不透明な点もあるといえよう。すなわち、2014年9月18日に行われたスコットランドにおける、「イギリスからの離脱の賛否を問う住民投票」では、賛成44.7％、反対55.3％で離脱しないことを選んだのであったが、2016年6月23日に行われた、イギリスのＥＵ離脱の可否を選択する国民投票では、賛成51.89％、反対48.11％でＥＵからの離脱の道を国民が選択した。しかし、この国民投票の際、スコットランドでは住民の約62％もが、ＥＵ残留の道を選択した。このため、そう遠くないうちに、スコットランドにおける、イギリスからの分離・独立の可否を問う再度の住民投票が行われる可能性なしとしない現状である。これらの動きによっては英国旗のデザインが変更されないとも限らないのである。

　ところで、英国旗は世界で最も逆さまに掲揚されることの多い国旗といえよう。古くは、1975年、エリザベス女王が来日し、国会を訪問された際、正門に掲げられた英国旗が逆だった。たまたま筆者（吹浦）が通りかかり、衛士長に注意して事なきを得たということもあった。また、2012年8月5日、ロンドンの周回コースで行われた女子マラソンを筆者がテレビ中継で見た限り、沿道の柵に掲げられた英国旗の、少なくとも10枚に1枚は逆さまだった。日本でも都内のホテル、イギリスレストラン、イギリス雑貨を扱っている店など、およそ10回に1回は逆掲揚されているのが現状である。

イギリス（グレートブリテン及び北アイルランド連合王国）

国歌解説

イギリスの正式な名称は"United kingdom of Great Britain and Northern Ireland"（グレートブリテン及び北アイルランド連合王国）といい、"ＵＫ"と略される。元々イングランド、スコットランド、ウェールズ、北アイルランドの４つの王国がユニオン（＝連合）となった国である。

　題名は『神よ、女王（国王）を護り賜え』で、言語は英語。作詞・作曲者ともに定かではない。1745 年に初演された記録があり、オランダに続く古い国歌である。初演当時の君主は国王ジョージ 2 世だったため『God Save the King』と題され、"Send him victorious"と"King"に合わせ"him"と歌っていた。現在はエリザベス女王に対し"God Save the Queen""Send her victorious"と歌われる。この歌は女王や国王をたたえる歌として、簡潔にして、堂々とした風格を備え、世界でよく知られている国歌の１つである。

　この英国歌のメロディは他の多くの国々でも使用されていたことがある。たとえば、アメリカでは 1931 年までこの旋律に乗せた『My Country, 'Tis of Thee』が事実上の国歌だった。ドイツ帝国プロイセンも『Heil dir im Siegenkranz』（皇帝陛下万歳）として、またロシア帝国では 1815 年から 1833 年に『神よツァーリ（君主）を護り給え』と歌われていた。リヒテンシュタイン国歌は現在もこのメロディが使われている。

　日本人にとっても馴染み深いイギリスは、シェイクスピアの『ハムレット』をはじめ、『不思議の国のアリス』『ガリヴァー旅行記』、近年では『ハリー・ポッター』シリーズなど、多くの文学作品を生み出し続けている。また、音楽では、現代ミュージックのスーパースター、ビートルズを世に送り出し、世界中のアーティストに多大な影響を今も与え続けている。

God save the Queen

1. God save our gracious Queen,
   Long live our noble Queen,
   God save the Queen:
   Send her victorious,
   Happy and glorious,
   Long to reign over us;
   God save the Queen.

3. Thy choicest gifts in store,
   On her be pleased to pour;
   Long may she reign:
   May she defend our laws,
   And ever give us cause
   To sing with heart and voice
   God save the Queen.

全6節中、2012年ロンドンオリンピック開会式では第1節と第3節が歌われた

神よ 女王を護り給え

1. 神よ　我らが慈悲深き女王陛下を護り給え
   我らの気高き女王陛下よ　永遠にあらんことを
   神よ　女王陛下を護り給え
   勝利を与え
   幸福と栄光を給わせ
   御代の永からんことを
   神よ　女王陛下を護り給え

3. 神が選りすぐった贈り物を
   君に喜んで注ぐ
   御代の永からんことを
   我らが法を守り
   絶えず大義を与え給え
   心と声で歌わん
   神よ　女王陛下を護り給え

イギリス（グレートブリテン及び北アイルランド連合王国）　*23*

歌唱ポイント

　最初の God は「ゴッド」。「ガッド」とならないように「O ＝オ」の発音をしっかり作りましょう。日本語は「I ＝イ」の発音の位置で言葉ができているので、明るく浅い発音になります。英語を含めた世界の言語に共通する「O ＝オ」の発音の位置で話したり、歌ったりすると、息が出て、ヨーロッパ言語に近づきます。「gracious ＝ゴゥレイシャス」も基本的に唇をグの位置からゴまで伸ばし、難しい英語の r に陰影、ニュアンスをつけると少しカッコよく聞こえます。同じく「Queen ＝コウィーン」も、「KO ＝コ」と発音する位置から、唇を「wi ＝ウィ」と経由し、n を鼻腔に響かせます。the ＝ th ＝舌をかんで＝ダの発音も日本語にないので難しいですね。「ザ＝ za」と発音しないように気をつけましょう。「ダ＝ da」のほうが、より、英語に近く聞こえます。この「ダ」も、日本人にはニュアンスとしては「ド」に近いイメージです。

　1 つの単語の練習ができたら、言葉をつなげていきます。日本語では意識の薄い子音の役割が大切です。2 小節めの gracious と 4 小説めの noble、8 小節めの victorious と 10 小節めの glorious は付点四分音符で長く伸ばします。すべて 1 拍めなので、アクセントを感じて歌いましょう。12 小節の over us からクレシェンド（だんだん強く）を意識して、最後の「神よ　女王陛下を護り給え」を優雅に、一文を読み切るように堂々と歌いましょう。イギリスの国歌は歴史も古く、「国歌」のお手本ともいうべき、名曲中の名曲です。珍しい 3 拍子の国歌でもあります。

　ひと口に英語といっても、同じ言語かと思うほど、その発音は国や地域によってマチマチです。私（新藤）は中学生の毎夏、ＡＳＩＪ（アメリカンスクールインジャパン）のサマープログラムに参加していました。そこで身近に聞いたのは、米語でしたので、後々、イギリス大使館にてクィーンズイングリッシュに触れた際には、耳が混乱して聞き取れなかった焦りを、鮮明に覚えています。国歌をきっかけに、世界中で話されている英語の発音の違いを学ぶのも、楽しいでしょう。

イギリス（グレートブリテン及び北アイルランド連合王国）　**25**

イタリア共和国
Italian Republic

国旗解説

　1796年、アルプスを越えたナポレオンは、自国の三色旗の青を緑に換えて、緑、白、赤の横三色旗に自由・平等・友愛を表すと意味づけ、イタリアの国旗とした。しかし、その没落後、イタリア半島は再び小邦に分裂、オーストリアのメッテルニヒ首相をして「イタリアとは地理的名称にすぎない」と言わしめた。
　1848年、フランスの「二月革命」の影響を受けた、サルディニア国王アルロ・アルベルトは北イタリアを抑えているオーストリアに果敢に挑戦したが、対するオーストリアは後に『双頭の鷲の旗の下に』のマーチ（ヨーゼフ・フランツ・ワーグナー作曲）でたたえられ、また、今でもニューイヤー・コンサートのアンコールで演奏される『ラデツキー行進曲』（ヨハン・シュトラウス1世作曲）で知られる老将ラデツキーが待ち構えていた。粉砕されたサルディニア軍の中には、イタリアの国歌『マメーリの賛歌』を作詞した、ゴッフレード・マメーリもいた。マメーリは戦場で自軍の弾に当たり、22歳の誕生日目前に、オウンゴールのような形で亡くなった。サルディニア王はポルトガルに亡命、ほどなく客死した。
　三色旗は「イタリア統一の三傑」といわれるマッチーニ、カヴール、ガリバルディなどにも支持され、1859年のイタリア統一戦争を経て、1861年のイタリア王国の成立で国旗となった。当時は正式には中央にサヴォイア王家の赤地白十字の紋章が付いていたが、第二次世界大戦で王制から共和制になったとき、紋章のない三色旗になった。
　日本ではイタリアの国旗を見る機会は多い。イタリア料理店が軒並み、三色旗を店頭に掲げているからだ。これは日本におけるイタリアレストランのパイオニアともいうべき、アントニオ・カンチェーミに由来する。カンチェーミはムッソリーニの料理学校を主席で卒業した後、イタリア海軍の指揮官付きコック長をしていた。しかし、乗艦が同盟国である日本の神戸港を訪問中の1943年9月8日、イタリアが連合国軍に降伏、10月13日、ドイツに宣戦したため、日独伊三国同盟は崩壊、多くのイタリア将兵は連合海軍に参加するなどしたが、カンチェーミは関西に残留し、イタリアンの店を開設し、三色旗でアイデンティティを示したのが始まりだという。

イタリア共和国

国歌解説

題名は『マメーリの賛歌』、言語はイタリア語。全5節中第1節が歌われることが多い。作詞者のゴッフレード・マメーリはジェノバ生まれでサルデーニャ育ち、1847年イタリア統一運動（リソルジメント）に参加し、平民出身の将軍ガリバルディ率いる赤シャツ隊の義勇兵だった。学生詩人として才能を認められていたマメーリは、『イタリア人の歌』という愛国詩を書いた。弱冠20歳のマメーリが書いたこの作品は作曲家ミケーレ・ノヴァーロの眼にとまり、イタリアの統一を願う同胞への賛歌として、彼が一晩で曲を書き上げたといわれている。イタリアを象徴するような明るく、勇ましく、美しいメロディである。

　しかしその後、出兵したマメーリは、国旗解説にもあるように、味方の流れ弾に倒れ命を落としてしまう。すると『イタリア人の歌』はやがて『マメーリの賛歌』と呼ばれるようになり、その功績は今もたたえられている。

　編曲はイタリアオペラの大作曲家ジュゼッペ・ヴェルディである。『ナブッコ』というオペラ作品の中に、ヘブライ人の捕虜が故郷を想い、祈りを捧げつつ「行け、我が想いよ、黄金の翼に乗って」と大合唱して歌うシーンがあるが、世界中から愛されているこの曲は、本国イタリアでも第2の国歌と称され、親しまれている。

　1848年に「ミラノの5日間」と呼ばれる事件が起きた。のちの第一次イタリア独立戦争のきっかけの1つとなったオーストリア支配に対しての抵抗運動であったが、それに触発された当時35歳だったヴェルディは、『愛国歌──ラッパを鳴らせ』やオペラ『レニャーノの戦い』を書き上げた。これは典型的な愛国オペラであり、この時期は愛国心が作品を生む原動力になっていた。そして1851年オペラ『リゴレット』が誕生。これ以降人間の内面、心理的描写が表現された作品が数多く生まれている。

　イタリアはオペラのほか、ナポリの民謡として有名なカンツォーネなど、音楽や芸術の分野であまたの世界的な作品を生み出している。

イタリア共和国　　27

Inno di Mameli

1. Fratelli d'Italia, L'Italia s'è desta,
   Dell'elmo di Scipio S'è cinta la testa.
   Dov'è la Vittoria?
   Le porga la chioma,
   Ché schiava di Roma Iddio la creò.
   〈1.繰り返し〉

   ※ Stringiamci a coorte, Siam pronti alla morte.
      Siam pronti alla morte, L'Italia chiamò.
      Stringiamci a coorte,
      Siam pronti alla morte.
      Siam pronti alla morte,
      L'Italia chiamò! Si!

2. Noi fummo da secoli Calpesti, derisi,
   Perché non siam Popolo, Perché siam divisi.
   Raccolgaci un'unica
   Bandiera, una speme:
   Di fonderci insieme Già l'ora suonò.
   〈2.繰り返し〉

      〈※繰り返し〉

全5節中、第1節と第2節を掲載

マメーリの賛歌

1. イタリアの兄弟たちよ　イタリアは目覚めた
　 スキピオの兜をその頭上に被りて
　 勝利の女神ヴィットーリアはいずこに？
　 その髪をイタリアに捧げよ
　 ローマに額く者として神は創造したがゆえ
　 〈1.繰り返し〉

　　　※ 皆よ　歩兵隊を組め　死の覚悟はできている
　　　　 死の覚悟はできている　イタリアが呼んでいる
　　　　 皆よ　歩兵隊を組め
　　　　 死の覚悟はできている
　　　　 死の覚悟はできている
　　　　 イタリアが呼んでいる「そうだ！」

2. 何世紀にもわたって踏みにじられ　愚弄されてきたのは
　 一つの民族でありながら　分裂されていたゆえ
　 一つの旗
　 一つの希望の下に集まらん
　 ともに統合する　その時が訪れた
　 〈2.繰り返し〉

　　　〈※繰り返し〉

イタリア共和国　**29**

歌唱ポイント

　これまで中学生から大人まで、合唱団に国歌を指導してきましたが、イタリアの国歌の人気はすこぶる高いです。心踊る行進曲のリズムであること、イタリア語の代名詞といういうべき巻き舌が楽しいこと、文句なくメロディが美しいことなど、どの理由にもうなづけます。

　イタリア語の発音はほぼローマ字で読めるので、表記に安心感があり、日本人としては親しみやすいでしょう。大きく違うことは何でしょう？ 実はアクセントの違いなのです。日本語には高低のアクセントがあります。雨＝あめ↘、飴＝あめ↗の高低差で意味を理解します。

　イタリア語のアクセントは、強弱差です。Fratélli ＝フ⦿テッリ（「⦿」は巻き舌で「テ」を強く発音します）、Itália ＝イターリアと「´」のアクセントの位置を思い切って強く発音すると、言葉にメリハリが生まれます。この強弱こそ、息の流れを生み、躍動感を醸し出すのです。

　イタリア語の R の発音は巻き舌です。世界の言語で、R ほど発音の異なる子音はないといえるのではないでしょうか。イタリア語の R は唾を飛ばす勢いで、深い息からの流れが必要です。巻き舌を苦手に思っている人は多いですが、息をふーっと吐いているイメージを持ってください。口の中だけにこだわらないといいでしょう。

　そのほかにも、C の発音はさまざまに変化し、Sci ＝シ、Ci ＝チ、Chi ＝キ、Che ＝ケとなります。歌の中で覚えていきましょう。ラテン系の言語に属する、発音の明るい言語ですが、O ＝オの発音は深いので、日本語の発音の位置より、もっと喉の奥で O＝ オが言えるように気をつけて歌いましょう。

　中間部からは早口言葉となります。発音器官を駆使して歌うと、イタリア語ならではのニュアンスが出てきます。一生懸命に唇や舌やあごを動かして、すべての言葉が言えたら、最後の「Si ＝スィ＝そうだ！」と歌い終えた後に、達成感と爽快感が持てます。

　イタリア語は「上手に読めたら、上手に歌える！」といわれています。

イタリア共和国　　**31**

インド
India

国旗解説

　インドの国旗のサフラン色は勇気と犠牲、白は心理と平和、緑は公正と騎士道を表しているとされているが、それぞれが、ヒンドゥー教、イスラム教を表し、仏教、シク（シーク）教、ジャイナ教、キリスト教などその他の宗教を表す白から成る。これによって、インドが特定の宗教に偏った宗教国家ではなく、宗教から離れた政治を行う世俗国家であることを示している。世俗国家というのは、世俗主義（secularism）を国家運営の基礎とするもので、国家の運営や決断が、特定の宗教の影響を受けずに、事実や証拠といった客観的な視点に立ってなされるべきだという考え方であり、ほかの宗教を排斥し、理性や科学的探求を軽視して政策運営を誤ったり、人類の進歩を阻害するようなことをしないということである。

　最近でも、大統領がムスリムで、首相がヒンドゥー教徒、国防大臣がカトリック信者ということがあった。ターバンを巻いてあまりひげを剃らないシク教徒も、軍隊をはじめさまざまな分野で活躍している。

　その点が隣国「パキスタンイスラム共和国」とは大きく異なる。パキスタンの国旗は緑地に三日月と星。これはまさにイスラム国家を象徴するものだが、それでも竿側に「他の宗教を信じる人々への寛容」を示す白い帯を付けている。

　インドの国旗は1947年7月22日、初代首相のジャワハルラール・ネルー（1889～1964）の提案により制憲議会で採択された。ネルーは「中央のしるしは法の輪（チャクラ）であり、古代インドのアショカ王の第3回仏典結集の記念塔からとったもの」であると説明した。しかし、これより先、1931年、インド国民会議派は党旗からヒントを得て、チャクラではなく手紡ぎ車（チャルカ）にしたものをインドの旗としていた。それはマハトマ・ガンディー（1869～1948）の国産品奨励運動（スワデーシー）のシンボルである。ガンディーは自ら、自室や路上でチャルカを回して糸を紡ぎ、それによってランカシャーの綿織物を駆逐し、イギリスから経済的に自立しようとした。しかし、糸紡ぎ車はいかにも貧相であり、ガンディーの政策自体が世界の経済学者から批判されたこともあり、名門の出身であるネルーの好みに合わなかったか、1947年には法の輪に変更された。

国歌解説

題名は『ジャナ・ガナ・マナ』、直訳すると「人々の意志」で、一般的な邦訳は『インドの朝』である。言語はヒンディー語。作詞・作曲は「グゥルゥデーウ＝詩聖」と称され、詩集『ギタンジャリ』でアジア初のノーベル文学賞を受賞したラビンドラナート・タゴールである。タゴールは1861年、カルカッタの裕福なヒンドゥー教徒の商家に生まれた。1911年に作られた当初は、ベンガル語で全5節の歌詞が書かれ、後にタゴール自身によって英訳もなされた。1950年にインド国歌として採用されたのは、ヒンディー語で歌われた第1節である。たいへん民族色が強く、曲調はインド音楽特有の節回しがあり、雰囲気を醸し出している。

　1877年イギリスの植民地となったインド帝国時代から、ヒンドゥーとイスラムの宗教対立が激化、1905年に東西ベンガル両州に分割される。インドの歴史は、独立運動の歴史であり、1919年「インド建国の父」マハトマ・ガンディーが民族運動を指導、第二次世界大戦後の1947年にヒンドゥー教徒の多いインドとイスラム教徒の多いパキスタンに分離され、独立を果たした。東ベンガル州は東パキスタンとなり1971年の印パ戦争によって、バングラデシュ国家として誕生する。『アマル・ショナル・バングラ』（我が黄金のベンガルよ）と呼ばれるバングラデシュの国歌も、同じくタゴールが詞・曲ともに手掛けた。

　人口は約13億で世界第2位。いわずと知れたIT大国でもある。2ケタの掛け算まで暗唱させる教育法は世界から注目されている。スポーツにおいてはクリケットが国民的競技で人気が高い。また、オリンピックでメダルを獲得しているホッケー、インドで生まれたカバディもレベルが高い。文化面では、映画産業が盛んで、インド映画の代名詞といえる、サリー（民族衣裳）を身にまとった群衆によるダンスシーンに心を踊らせる人も多い。

インド

जन गण मन

जन गण मन अधिनायक जय हे
भारत भाग्य विधाता
पंजाब सिंधु गुजरात मराठा
द्राविड़ उत्कल वंग
विंध्य हिमाचल यमुना गंगा
उच्छल जलधि तरंग
तव शुभ नामे जागे
तव शुभ आशिष मागे
गाहे तव जय गाथा
जन गण मंगल दायक जय हे
भारत भाग्य विधाता
जय हे जय हे जय हे
जय जय जय जय हे

ジャナ・ガナ・マナ

汝（なんじ）はすべての民の心を支配する者

この国の運命を定める者

汝の名は

ドラヴィダ、オリッサ、ベンガル、

パンジャブ、シンド、グジャラート、マラータの民の心を奮い起こす

汝の名はヴィンディヤ山脈やヒマラヤ山脈にこだまし

ヤムナー川とガンジス川のせせらぎと混ざり合い

インド洋の波に歌われる

我々は汝の恩恵を祈り、賛美の歌をうたう

人々の救いは汝の手中にあり

この国の運命を定める者よ

汝に勝利あらんことを

汝とは「インドの宿命を決める神」（抽象的なもの）

インド

インドネシア共和国
Republic of Indonesia

　インドネシア語で「Sang Merah Putih（偉大なる紅白旗）」と呼ばれる。赤は勇気と情熱を、白は真実と聖なる心を表す。Sangはヒンドゥーの神や王、英雄の名など、尊敬すべき対象への敬称。6000年前のアジチア・トシャンドラ時代の太陽と月の信仰に由来し、4000年前、赤と白の2色が太陽と月を表すものとして信仰されていたという。政府発行の資料によれば「言語やそのほかの科学的立場からこの2色を分析すると、赤は人間を含む動物の活力たる血液、白は植物の活力たる樹液である」。1292年ジャワ島にできたマジャパヒト朝が赤と白をシンボルとして用いたという記録があり、1825〜1830年のジポネゴロ王子らによるオランダに対する独立運動のときにもこの2色の旗が用いられたとされる。

　インドネシアは現在、世界最大のイスラム人口を擁する国だが、イスラム教の普及以前にこの地方に伝えられていたヒンドゥー教の本には、赤と白は悪と善の象徴だとある。政府発行の資料では、赤と白は「潔白の上にたつ勇気を象徴している」とのことである。

　1920年代に宗主国オランダに留学していたインドネシアからの学生たちが使用したとも伝わる。1945年8月17日、日本軍の敗北直後にインドネシアは独立を宣言し、この国旗を採択した。このとき、スカルノの第一夫人であるファトマワティが手縫いした国旗を掲げ、その旗は現在、ジャカルタの独立記念塔に保管されている。

　独立には、前田 精 海軍少将（1898〜1977）の英断が大きく影響した。日本軍敗戦の翌8月16日23時、前田はこの後に大統領となったスカルノ（1901〜1970）や副大統領になったモハメッド・ハッタら約50人を自らの邸（現在の独立宣言起草博物館）に迎え、即刻独立を宣言すべきだと勧めた。後に外務大臣となるアフマッド・スバルジョは自著で、「こうして、1人の勇敢な日本海軍少将の家での忘れることのできない夜の会合は終わった」と述懐している。前田対し、インドネシアは1956年に、建国功労章を授与している。

　オーストリアの首都ウィーン市の国旗は縦横比も2：3の紅白旗で、多少、インドネシア国旗より赤の明度が高いくらいでほとんど区別がつかない。

国歌解説

題名は『インドネシア・ラヤ』（大いなるインドネシア）、言語はインドネシア語。オランダ領東インドだった1928年、多民族国家であるインドネシア全土から、バタビア（現・ジャカルタ）の地に各民族が集った「インドネシア青年会議」において、ワゲ・ルドルフ・スプラットマンが自作の詩を発表した。この『インドネシア・ラヤ』は行進曲風の明るい曲調であることも手伝って、独立運動の応援歌として国民の愛唱歌となっていった。

1945年独立を宣言するも、再植民地化しようとするオランダとの独立戦争となった。スカルノが読み上げた独立宣言の日付は、日本統治時代に使われていた「神武紀元」だったことは興味深い。国歌として制定されたのは、オランダから無条件に独立承認を得た1949年のことである。全3節中、第1節が歌われることが多い。

1万を超える世界最多の島々からなるインドネシアは人種、宗教、文化に大きな違いがあり、言語も700を超える地方語と共通語としてのインドネシア語が並存している。宗教もイスラム教が約87%、キリスト教が約10%、ヒンドゥー教が約2%と混在している。

1602年オランダが植民地にするよりはるか昔、紀元前よりインド系文化が伝来、7世紀以降、ジャワやスマトラには多くの王国が生まれた。ジャワのボロブドゥール遺跡は、8世紀の仏教遺跡。12世紀以降はムスリム商人がイスラム教をもたらし、13世紀にはスマトラに、15世紀にはジャワにもイスラム王国が誕生した。伝統音楽のジャワやバリの合奏音楽ガムランをはじめ、讃美歌風合唱もあり、有名な『ブンガワンソロ』はインドネシアの大衆音楽クロンチョンの1つ。バリ島で行われる音楽劇ケチャも有名である。

Indonesia Raya

Indonesia, tanah airku
Tanah tumpah darahku
Di sanalah aku berdiri
Jadi pandu ibuku
Indonesia, kebangsaanku
Bangsa dan tanah airku
Marilah kita berseru
"Indonesia bersatu!"

Hiduplah tanahku, hiduplah neg'riku
Bangsaku, rakyatku, semuanya
Bangunlah jiwanya, bangunlah badannya
Untuk Indonesia Raya

Indonesia Raya, merdeka, merdeka!
Tanahku, negeriku yang kucinta
Indonesia Raya, merdeka, merdeka!
Hiduplah Indonesia Raya!

Indonesia Raya, merdeka, merdeka!
Tanahku, negeriku yang kucinta
Indonesia Raya, merdeka, merdeka!
Hiduplah Indonesia Raya!

全3節中、第1節のみ掲載

大いなるインドネシア

インドネシア、我が祖国
我らの生まれし故郷
我らはこぞって立ち上がる
この国を守るために
インドネシアは我らのもの、
我らの国民のもの　我らの国
さあ、我ら共に叫ぼう
「インドネシアは一つだ！」

我らが祖国万歳、我らが国土に万歳
国民すべて
身も心も目覚めよう
偉大なるインドネシアのために

大いなるインドネシア、独立、独立！
我が国土、我らの愛する国
大いなるインドネシア、独立、独立！
大いなるインドネシア万歳！

大いなるインドネシア、独立、独立！我が地、
我が国土、我らの愛する国
大いなるインドネシア、独立、独立！
大いなるインドネシア万歳！

インドネシア共和国　**39**

ウルグアイ東方共和国
Oriental Republic of Uruguay

国旗解説

　南米大陸では北端のスリナムに次ぐ小さな面積であるウルグアイは、ブラジルとアルゼンチンという2つの「大国」の狭間にあって、巧みな外交を展開してきた。国名はグアラニー語のuruという鳥の名と飛ぶことを意味するgua、そして川を意味するyの3つの語の連結から成る。ウルが飛ぶウルグアイ川の下流に位置する国というような意か。

　明るい青と白の縞に顔を描いた太陽というデザインは、西隣のアルゼンチン国旗を連想させる。これは、1828年、ウルグアイがブラジルの支配から脱して独立する際に、アルゼンチンが大きな貢献をしてくれたことに感謝して、独立運動の指導者ホセ・アルティガスが考案したことによる。

　19世紀の初頭、仏皇帝ナポレオンがスペイン攻略を始めるや、中南米では一斉に、宗主国スペインからの独立運動が果敢に行われるようになった。1816年にはラプラタ川諸州連合（現アルゼンチン）が、1822年にはブラジルがそれぞれ独立し、今のウルグアイ地方の領有をめぐって両国は対立した。1825年、ウルグアイ人たちは武力でラプラタ連合への併合を宣言した。ブラジルはこれを認めず、両国は3年にわたり交戦状態にあった。しかし、1828年、イギリスの仲介で、ウルグアイをブラジルとアルゼンチンの緩衝国として独立させることで講和を結んだ。このためウルグアイを「南米のスイス」という声もある。気候のよさ、適度な豊かさと社会保障制度の充実から、古くは「最後の任国はウルグアイでありたい」というのが、世界の外交官に共通な思いだったとも聞く。

　同年制定された国旗は、青と白の条が17本だった。しかし、1930年の法律で現在の9本となった。独立当時の9州を表している。太陽はアルゼンチン同様、インカ帝国の独立のシンボルを思わせるうえ、「五月の太陽」として独立戦争に由来する。白は平和を、青は自由を表している。

　1930年、FIFA（国際サッカー連盟）第1回W杯が開催されたのはこの国であったし、この第1回大会の優勝国でもある。

ウルグアイ東方共和国

国歌解説

題名は『ウルグアイ国歌』、言語はスペイン語。独立以前は、「ウルグアイ川東方州」と呼ばれていたことから「オリエンタル」という言葉が国名にも入り、国歌にも「オリエンタレス（東方人）」という文言がある。独立戦争のために戦った勇気のある人々を賞賛し、自由という精神のすばらしさを熱く訴えるような歌詞はフランシスコ・アクーニャ・デ・フィゲロアによって書かれた。

全 11 節というとても長大なものだが、実際に歌われるのは前文と第 1 節の場合がほとんどである。1845 年に制定されたときに作曲したフランシスコ・ホセ・デバリは、ハンガリー出身でイタリアの軍楽隊に所属していたことがあり、オペラ風の作品作りに長けていた。両者はともにパラグアイ国歌の作詞・作曲者でもある。

これほどまでに長大な国歌となった理由の 1 つは、対立関係にあった隣国アルゼンチンを意識したためだといわれている。前奏だけで 30 小節、歌唱を加えると小節数は 100 小節を超える。演奏時間はテンポにもよるが 5 分ほどかかり、前奏だけで 1 分強もある。アルゼンチンと同様にオリンピックなどの場面では短縮版が使われるが、ウルグアイの国歌は前奏をカットして快活な朗々としたコーラスと自由と栄光を解くような独唱の部分が繰り返して演奏され、時として前奏のみで終わってしまうこともある。アルゼンチンのそれとは対照的である。

音楽文化は南米の民族音楽、フォルクローレとタンゴに象徴されるが、ウルグアイ・タンゴの代表作といえばバンドネオンの演奏に合わせた『ラ・クンパルシータ』である。

Himno Nacional de Uruguay

※ ¡Orientales, la patria o la tumba!

¡Libertad o con gloria morir!

¡Orientales, la patria o la tumba!

¡Libertad o con gloria morir!

Es el voto que el alma pronuncia!

Y que heróicos sabremos cumplir!

Es el voto que el alma pronuncia!

Y que heróicos sabremos cumplir!

que sabremos cumplir!

Es el voto que el alma pronuncia!

Y que heróicos sabremos cumplir!

que sabremos cumplir!

sabremos cumplir!

sabremos cumplir!

sabremos cumplir!

¡Libertad, Libertad, Orientales!

Este grito a la patria salvó,

Que a sus bravos en fieras batallas

De entusiasmo sublime inflamó.

¡Libertad, Libertad, Orientales!

Este grito a la patria salvó,

Que a sus bravos en fieras batallas

De entusiasmo sublime inflamó.

De este don sacrosanto la gloria

Merecimos. ¡Tiranos, temblad!

¡Tiranos, temblad!

¡Tiranos, temblad! ¡Ah...!

¡Libertad! en la lid clamaremos.

Y muriendo, también ¡libertad.

¡Libertad! en la lid clamaremos.

Y muriendo, también ¡libertad!

Y muriendo, también ¡libertad!

también ¡libertad!

también ¡libertad!

〈※繰り返し〉

冒頭の歌詞、"Orientales, la Patria o la Tumba"『東方人よ　祖国か墓場か』の名でも呼ばれる
第 1 節のみ掲載

ウルグアイ国歌

※ 東方人よ　祖国か墓場か！
　自由か名誉ある死か！
　東方人よ　祖国か墓場か！
　自由か名誉ある死か！　　　　　「自由を　自由を　東方人よ！」
　それは魂の誓い　　　　　　　　この叫びが祖国を救った
　その誓いを英雄的に　　　　　　気高き情熱の激しい戦いの中
　成し遂げる術を知るであろう！　その勇者たちを鼓舞しながら
　それは魂の誓い　　　　　　　　「自由を　自由を　東方人よ！」
　その誓いを英雄的に　　　　　　この叫びが祖国を救った
　成し遂げる術を知るであろう！　気高き情熱の激しい戦いの中
　その誓いを　　　　　　　　　　その勇者たちを鼓舞しながら
　成し遂げる術を知るであろう！　我らは神の賜物を授かる栄えに浴す
　それは魂の誓い　　　　　　　　暴君よ！戦慄するがいい！
　その誓いを英雄的に　　　　　　暴君よ！戦慄するがいい！
　成し遂げる術を知るであろう！　暴君よ！戦慄するがいい！　ああ！
　その誓いを　　　　　　　　　　「自由を！」我らは戦いの中で叫ぶ
　成し遂げる術を知るであろう！　たとえ死すとも「自由を！」と
　成し遂げる術を知るであろう！　「自由を！」我らは戦いの中で叫ぶ
　成し遂げる術を知るであろう！　たとえ死すとも「自由を！」と
　成し遂げる術を知るであろう！　たとえ死すとも「自由を！」と
　　　　　　　　　　　　　　　　「自由を！」と
　　　　　　　　　　　　　　　　「自由を！」と

〈※繰り返し〉

ウルグアイ東方共和国

オーストラリア連邦
Australia

　1770年、イギリス人の入植が始まった。1788年からまず流罪植民地として開発、自由移民も募り農地を拡大し、先住民のアボリジニから収奪もした。19世紀の初めには羊を改良し、牧羊を発展させた。同世紀の中頃には、金鉱目当てに入植した中国系移民への排斥運動が起こり、これが後の「白豪（有色人種排斥）主義」につながり、日本からの移民も締め出された。ベトナム戦争後、ボートピープルを10数万人も受け入れて、白豪主義を撤廃し、世界中から移民を受け入れる「多文化主義」へと移行した。

　国旗は1901年、公募で原型が選ばれた。公募で国旗を選ぶというのは当時、きわめて先駆的な試みだった。約3万点の作品の中から選ばれたものを基本にして、1903年にイギリス王の裁可で、イギリスとの深いつながりを表す旗竿側上部に「ユニオン・ジャック」を置き、その下に「連邦の星（連邦を表す大きな七稜星）」を加えて現在の形になり、1953年に正式に制定された。

　このタイプの国旗はかつてのカナダにも見られ、現在では、ニュージーランド、フィジー、ツバル、クック諸島、ニウエなど、英連邦諸国の国旗に採用されている。近年、イギリスとの関係を見直し、英連邦(コモンウェルス)にとどまるも国旗を変え、共和制へ移行して国旗を変えようと、オーストラリア労働党が主張し、コアラ、カンガルー、そして先住民が用いるブーメランなどを取り入れた案も出たが、1996年2月の保守党の政権復帰で流動的になっている。

　2016年3月に隣国ニュージーランドが国旗変更の国民投票を実施したことに直接的な影響を受け、同年、オンライン投票が行われたところ、64％が「変更すべき」との回答だった。新しい国旗としては、Southern Horizon という、ナショナルカラー（黄色と緑）主体の案への支持が強い。

オーストラリア連邦

国歌解説

1770年探検家ジェームズ・クック上陸後、イギリスの植民が開始された。北米に代わる流刑地となり、アボリジニと呼ばれる先住民族は、次第に圧迫されていった。1901年、6つの植民地が連合して独立、1942年に立法独立、1986年に司法も完全に独立した歴史を持つ、若くて新しい国である。

題名は『進め 美しきのオーストラリア』、言語は英語。英国歌『神よ、女王（国王）を護り給え』が歌われていたが、1970年代より新国歌待望論が出始め、愛唱歌として国民に歌われてきた歌の中から選出する方法がとられた。国民投票の結果、圧倒的な人気で、スコットランド出身の教師であったピーター・ドッヅ・マコーミックが作詞・作曲した『進め、美しきのオーストラリア』が選ばれ、1984年に国歌として制定された。全5節ある中、現在は第1節と第3節が歌われる。

第2の国歌の存在も興味深く、先の国民投票で第2位となった『ワルツィング・マティルダ』は、移民としてオーストラリアにやってきた人々の、体制側に対する反骨精神にあふれた大衆的音楽である。副題は『生きてお前らに捕まってたまるか！』で、さすらい人が人さまの羊をわが物とするのを持ち主と警官にとがめられ、池に飛び込んで命を絶ってしまうというストーリー。大自然の中、羊と共生してきた背景と、何ものにも縛られない自由奔放な国民性の一端が、歌詞の中から垣間見ることができる。

オーストラリアは他の大陸と離れ隔絶されていたことから、コアラ、カンガルー、カモノハシ、エミューなど、動植物には多くの固有種が見られる。絶景として有名なエアーズロックは世界で2番目に大きい一枚岩であり、先住民アボリジニにとっては「ウルル」と呼ばれる聖地である。マウント・オーガスタスは世界最大の一枚岩。スポーツではラグビー、オージーボール、クリケットが人気で、ラグビー代表の「ワラビーズ」はW杯の強豪として知られる。

Advance Australia Fair

Australians all let us rejoice,
For we are young and free;
We've golden soil and wealth for toil,
Our home is girt by sea;
Our land abounds in nature's gifts,
Of beauty rich and rare;

In history's page let every stage,
Advance Australia Fair!
In joyful strains then let us sing,
Advance Australia Fair!

第1節のみ掲載

進め　美しきのオーストラリア

我らオーストラリア人よ　喜ぼう
我らは若く自由だ
我らには黄金の大地と育む富がある
故郷は海に囲まれ
美しく　豊富で　貴重な自然の恵みがある

歴史の頁の一つ一つを刻みながら
進め　美しきオーストラリアよ
喜びの調べにのせて歌おう
進め　美しきオーストラリアよ

オーストラリア連邦

歌唱ポイント

　オーストラリア国歌の出だしには、ダイナミックな音の動きがあります。Australians は G → C → G（ソ→ド→ソ）と一旦ソの音からメロディがドに上がって、またソの音に戻ります。音程は 4 度上がって 4 度下がるのですが、この 4 度という音程が曲にアクセントを与えています。*強進行というインパクトのある音列で、その音の動きに大切な国の名前をあてはめています。国歌の中に国名が出てくるときは、大切にその言葉を歌いましょう。

　まず歌い始める前には何拍子の曲か、何調で始まるか、曲想はどういうものか、を確認します。4 分の 4 拍子でハ長調、Maestoso（マエストーソ＝荘厳に）。国歌にふさわしい堂々としたメロディ、歌詞も愛国的な思いに溢れています。ハ長調という調性のもつキャラクターは純粋・シンプルをイメージすると言われています。

　曲の出だしから 8 小節は f（フォルテ＝強く）で威厳を持って歌い始めましょう。続く 8 小節は曲調が変わり、mf（メゾフォルテ＝やや強く）で、オーストラリアの自然の恵みを丁寧に、穏やかに歌うといいでしょう。"Advance Australia Fair" という標題に向けて、音楽は盛り上がりをみせます。そしてコーラスの部分は、曲の最後にもう一度歌われる「Advance Australia Fair」を効果的に聴かせるために、p（ピアーノ＝弱く）から歌い始め、cresc.（クレッシェンド＝だんだん強く）、最後は高らかに ff（フォルティッシモ＝より強く）で歌い切るとカッコいいでしょう。

　大らかな 4 拍子は、安定感があり、比較的覚えやすい美しい国歌です。

*強進行とは
学校の授業の号令で「起立」→「気を付け」→「礼」をして着席する、一連の動きがありますね。同様に「気を付け」→「礼」→「気を付け」にピアノの伴奏がついていることが思い浮かびますか？　この音の進行は力強く感じるでしょう。音楽用語で、自然で美しい結びつきのある音の繋がりをこう呼びます。

オーストラリア連邦　**49**

オーストリア共和国
Republic of Austria

国旗解説

　「音楽の都」としてウィーンは長らくもてはやされ、ザルツブルクはまたヨーロッパ随一の美しさをたたえられ、『ドレミの歌』『エーデルワイス』などを含むミュージカル『サウンド・オブ・ミュージック』でも知られている。そのザルツブルクで生まれたアマデウス・モーツアルトや20世紀の名指揮者ヘルベルト・フォン・カラヤンをはじめ、ハイドン、ベートーヴェン、シューベルト、リスト、ブラームス、ヨハン・シュトラウス父子などの大作曲家が活躍したのがウィーンであった。

　そのイメージとは大きく異なるが、国旗は第3回十字軍遠征の際の1192年、レオポルド・ヘンデンサム公（レオポルド5世）が、イスラム教徒と戦ったときに勇戦し、返り血を浴び、純白の陣羽織がベルトの部分を除いて赤く染まったという故事に由来している。

　いずれにもせよ、オーストリアの国旗はデンマークの国旗「ダンネブロ（赤い布）」と並ぶ、今日まで続いている最も古い国旗であり、オーストリアは中世から近世にかけて、神聖ローマ帝国として、また、中欧の「列強」の1つであり、ハプスブルク家はヨーロッパの1つの重鎮だった。

　1938年、ナチス・ドイツに併合され、1945年の敗戦まで、この国旗は消えた。映画『サウンド・オブ・ミュージック』では新婚旅行から戻ったトラップ大佐が自邸に、ナチス・ドイツの国旗が掲げられているのを見て、それを引きずり降ろして破るシーンがある。トラップ家で構成する合唱団がその後、スイスを経てアメリカに難民として渡るという物語は、実話に基づいている。

　政府が用いる国旗には中央に黒一色の鷲の紋章が付く。紋章は東洋と西洋をにらむとして「双頭の鷲」であったが、今は「単頭」である。第二次世界大戦以前は鷲の足が鎖で結ばれる姿で描かれていたが、戦後はその鎖が、ナチからの解放を表して、断ち切られたデザインになっている。

　ヨーゼフ・フランツ・ワグナー（『楽劇王』リヒャルト・ワグナーとは別人）作曲の行進曲『双頭の鷲の旗の下に』でハプスブルク王家と国民の一体化がたたえられた。

オーストリア共和国

国歌解説

　題名は『山岳の国、大河の国』といい、言語はドイツ語である。オーストリア＝ハンガリー帝国時代以来、音楽の都ウィーンに代表される芸術の盛んな国であり、クラシック音楽歴代の音楽家のほとんどはこの国と縁があるが、オーストリアの国歌もまた、ウィーンにゆかりのある人物によって作曲された。

　最初の国歌は1797年、フランツ・ヨーゼフ・ハイドンが神聖ローマ皇帝フランツ2世のために作曲した『神よ、皇帝フランツを守り給え』である。歌詞はロレンツ・レオポルド・ハシェカによって書かれた。ハシェカの書いた詞は、オーストリア帝国時代、オーストリア＝ハンガリー帝国時代を通じて少しずつ変更が加えられたが、ハイドンの曲が変わることはなかった。

　第一次世界大戦を経て、帝国が解体された、オーストリア第一共和制時代には『ドイツ・オーストリア、汝壮麗の国よ』が国歌となったが、1920年代には再びハイドンの曲を使った『終わりなき祝福あらんことを』が国歌として制定された。ハイドンのメロディは人々に親しまれていたのである。

　ドイツに併合され、敗戦国として終戦を迎えた第二次世界大戦後、独立を回復したオーストリアは新国歌制定に動いた。ドイツの国歌が『終わりなき祝福あらんことを』と同じメロディだったためである。1940年代半ばに制定された現在の国歌『山岳の国、大河の国』は、ヴォルフガング・アマデウス・モーツァルトが友愛団体フリーメイソンのために作曲したカンタータに、パウラ・フォン・プレラドヴィチの書いた詩をつけたものといわれているが、同じくフリーメイソン会員であったといわれるヨハン・バプティスト・ホルツァーが作曲したという説もある。

　首都ウィーンは「音楽の都」と呼ばれており、モーツァルト、シューベルト、ヨハン・シュトラウスなど多くの作曲家、演奏家を輩出し、クラシック音楽大国である。また、その地形や気候から、ウインタースポーツが盛んで、特にアルペンスキーは人気を誇っている。

Land der Berge, Land am Strome

Land der Berge, Land am Strome,
Land der Äcker, Land der Dome,
Land der Hämmer, zukunftsreich!
Heimat großer Töchter und Söhne,
Volk, begnadet für das Schöne,
Vielgerühmtes Österreich,
Vielgerühmtes Österreich!

第1節のみ掲載

山岳の国、大河の国

山岳の国、大河の国

田園の国、大聖堂の国

鎚_{つち}で築かれし未来豊かな国

偉大な娘たち息子たちの故郷_{くに}

美に恵まれし民よ

高らかに讃えん　オーストリアよ

高らかに讃えん　オーストリアよ

オーストリア共和国　*53*

オランダ王国
Kingdom of the Netherlands

国旗解説

　16世紀後半、オラニエ（オレンジ）公ウィレムらの主導でスペインから独立。3色は、同公家の紋章「青地に、オレンジ色の房紐を巻く白い角笛」に由来する。しかし、オレンジ色は染めにくく、視認性が低く、色が褪めやすいため、赤も用いられ、1937年のウィルヘルミナ女王の勅令で赤に統一した。それでも、オラニエ家に対する特別の思慕を抱く人々の中には、赤の代わりにオレンジを用いた旗を使用する人もいる。

　19世紀の初め、オランダはナポレオンによる支配を受け、その間、オランダの国旗は世界でも長崎の出島と今のガーナのエルミナ砦のみに掲げられていただけだったが、ウィーン会議で復活した。その間の出島駐在の「甲比丹」（カピタン＝商館長）はヘンドリック・ドゥーフ（1777～1835）。1799年から約20年間も出島暮らしをし、毎日、オランダの国旗を掲げ、故国の栄光を死守していたと伝わる。江戸時代に出島に来航したオランダ船を描いたたくさんの絵画があるが、そこに描かれたオランダの国旗は赤の色に結構、ばらつきがある。

　オランダとルクセンブルクの国旗はよく似ており、青の濃淡で区別するが、両国で別々に国旗を入手したら、濃淡が逆だったということもなしとしない。

　ニューヨークはオランダ人が開いた街。昔はニューアムステルダムと呼ばれていた。ニューヨーク市旗は今でもオレンジ、白、青の縦三色旗に紋章の付いたもの。また、1928年から1994年まで続いた南アフリカ連邦の国旗は、オレンジ、白、青の横三色旗の中央に、英国旗、オレンジ、トランスバール両オランダ系国の国旗が描かれていた。両国はボーア戦争でイギリスに屈し、南アが1つの国になった。

　サッカーではオランダ代表はオレンジをチームカラーとしている。

　オランダの国歌では「赤は多くの戦いにのぞんだ国民の勇気を、白は神の永遠の祝福を待つ信仰心を、青は祖国への忠誠心を表す」と歌っている。

オランダ王国

国歌解説

　題名は『ヴィルヘルムス・ファン・ナッソウエ』、言語はオランダ語。現存する国歌では世界最古で、8行詩全15節から、第1節と第6節が歌われる。ヴィルヘルムス・ファン・ナッソウエ（1533〜1584）は沈黙公と称されたオラニエ公で、現在の王室の初代当主である。

　作詞はそのオラニエ公ウィレム1世の側近でもあり、シント・アルデホンデ領主の詩人、フリップ・ファン・マルニクス。ネーデルラント諸州の中で実力者だったオラニエ公ウィレム1世は、スペインのフェリペ2世が派遣したアルバ公から逃れ、ドイツに亡命したが、1568年親戚らとともに戦いを挑んだ。八十年戦争と呼ばれるオランダ独立戦争、その渦中に書き上げられた。「我はナッソウ家のヴィレムなり」と一人称で由緒正しきルーツが語られ、神に戦いの勝利を祈る文言の15節それぞれ冒頭の言葉を並べると"WILLEM VAN NASSOV"となり、アクロスティック（折句）の手法が用いられている。

　フランス革命、続くナポレオンの時代に、オランダ国内の愛国派（共和政派）がフランス軍と手を組み、1795年にバタヴィア共和国を樹立した。この時代には『ヴィルヘルムス・ファン・ナッソウエ』は演奏されなかった。ナポレオンが没落し、フランス帝国の直轄領とされていた時代が終わった1815年にオランダ連合王国、ネーデルランド王国としてオラニエ家のウィレム1世を国王とする立憲王国として復活した。同年、国歌制定のためのコンペティションで、ヘンドゥリク・トーレンス作詞、W．ヴィルムス作曲『ネーデルランドの血を受け継ぎし者よ』が国歌に採用されたが、それから100年以上経った1932年に現在の『ヴィルヘルムス・ファン・ナッソウエ』が正式な国歌として制定された。

　美術においては、レンブラント、フェルメール、ゴッホなどの巨匠を輩出している。日本は江戸時代、ヨーロッパ諸国では唯一オランダと貿易関係を持っていた。「オランダ風説書」の情報や『解体新書』などの蘭学から得たものは大きかった。

Wilhelmus van Nassouwe

1. Wilhelmus van Nassouwe
   Ben ick van Duytschen bloet,
   Den Vaderlant getrouwe
   Blyf ick tot in den doot:
   Een Prince van Oraengien
   Ben ick vrij onverveert,
   Den Coninck van Hispaengien
   Heb ick altijt gheeert.

6. Mijn Schilt ende betrouwen
   Sijt ghy, o Godt mijn Heer,
   Op u soo wil ick bouwen
   Verlaet mij nimmermeer:
   Dat ick doch vroom mach blijven
   V dienaer taller stondt,
   Die Tyranny verdrijven,
   Die my mijn hert doorwondt.

全 15 節より、第 1 節と第 6 節が歌われる

ヴィルヘルムス・ファン・ナッソウエ

1. ヴィルヘルムス・ファン・ナッソウエ
    我こそはオランダの由緒正しき家系の血統
    この国に永遠の忠誠を誓えり
    オラニエ家の王子として
    何ものにも恐れることなく束縛されることなく
    スペイン国王への忠誠を誓えり

6. 我が盾にして　我が頼み
    それこそ我が主、我が神なり
    主よ、我を見捨てることなかれ
    汝の導きに従い敬虔な信者として
    永遠に汝の下僕とならん
    我等苛む　厄災と専制を振り払い給え

オランダ王国　57

歌唱ポイント

オランダの国歌は、歌詞が 16 世紀に存在していることから、作曲者不詳のメロディもおそらく同時期に作られたものと思われます。西洋音楽史でいうとルネサンス音楽が栄えた時代。フランドル学派といってネーデルラント出身の音楽家らが活躍しました。

メロディは格調高く、スタイル＝形式が存在しています。この時代の西洋音楽には、このような曲が多々生まれましたが、はじめて曲を聴いた印象としては難しそうに感じるかもしれません。

オランダ語は発音の位置が深く、O＝オをきちんと作ることが大切。Broad（広大な）、と曲想があり、15 番に渡って独立戦争のテーマが展開されます。15 分の 1 番の歌詞は序章の部分で、Wilhelmus＝ヴィルヘルムス＝W＝V と発音、続く van＝ファン＝V＝f となり、Duitschen＝暗めのダー（ドに近く）ツン、bloet＝ブルー（ロに近く）トゥとここまでは淡々と史実を歌います。「ヴィルヘルムス・ファン・ナッソウェ」の固有名詞は、はっきり発音して歌いましょう。続く Vaderlant＝ファーダーラントゥ、ghetrouwe＝フトロウェ＝gh＝フ＝喉の奥に強い息を当てる音がオランダ語の特徴的な発音です。2 行めと 4 行めの bloet と doet で韻を踏んでおり、同じく 6 行めの onverveert と 8 行めの gheeert も同じく韻を踏んでいます。歌詞の中に秩序が生まれ、響きが美しくまとまります。全体に音の起伏はないですが、4 拍子で始まったテンポが、途中から 3 拍子に変化し、そのまま 3 拍子で終わるので、不思議なリズムを生んでいます。

曲に程よい緊張感を与え、語り口に動きが出で、派手さはありませんが、屈指の名曲です。

O＝オの唇から息を吸って、突き当たりの口がい垂までの距離を長く伸ばしたり、あくびのままの感覚を保ってみたり、鼻筋を広げたり……というストレッチをすると、外国語の国歌を歌う発音器官が刺激され、歌う前のいい準備運動となります。

オランダ王国　59

カタール国
State of Qatar

国旗解説

　アラビア半島からペルシャ湾に突き出した半島にある産油国。

　日本のサッカーファンにとっては「ドーハの悲劇」が忘れられないだろう。1993年10月28日、カタールの首都ドーハでの日本代表対イラク戦（1994年アメリカワールドカップ・アジア地区最終予選）は、ロスタイムにイラク側が同点ゴール。中山雅史の大活躍などでアメリカでのW杯初出場が決まりかけていた日本代表が予選で敗退した。そのカタールで2022年にW杯が開催される。

　カタールはイギリスの保護下にあった1930年代から、石油収入に大きく依存する財政運営をしてきた。

　国旗は1971年の独立時に制定されたが、もともとは古くから用いられていた旗。かつてはアラビア半島のスルタンたちの間でしばしば用いられてきた赤旗だったが、染料がかんばしくなく、強い太陽光で色が褪せ、エビ茶色というか、チョコレート色に変色したところ、むしろほかの国旗との識別がしやすいということから、1949年にそれがこの国旗の色となった。ほかのアラブ・イスラム諸国の国旗は、緑、白、黒、赤の4色か、その中の色の組み合わせがほとんどであるが、カタールの9つのノコギリ形は、1918年にイギリスの保護国となった当時、9つの土侯国（現在は7土侯国）であったことを表している。通常は2：3ないし3：5くらいの縦横比の旗が用いられる。この旗の公式の縦横比は11：28、極端に横長で世界の国旗の中で最も横長の旗である。白色は平和を、海老茶色はカタール国民が流した血を表す。

国歌解説

　ペルシャ湾に突き出た半島に位置し、ドーハを首都とするサーニー家による首長国である。オスマントルコの影響のあと、1916年にイギリスの保護領となり、1968年以降首長国連邦を経て、1971年独立を果たした。1995年皇太子ハマド・ビン・ハリーファ・アール＝サーニーが政権を握ると、開放政策に転じ、中東最大の衛星ＴＶ局アルジャジーラを開設し、世界に向けて発信していることでも知られる。石油や天然ガスなど、天然資源に恵まれており、豊富なオイルマネーは医療費、教育費、電気・電話代なども無料、所得税もかからない。

　題名は特につけられていないが、『平和への賛歌』と呼ばれることもある。言語はアラビア語。初代の国歌は、1954年に制定された『ファンファーレ』で、わずか10小節、30秒の歌詞のない国歌だった。1995年の政権交代に伴い、翌1996年に誓いの言葉で始まる新国歌が制定された。作詞はシャイフ・ムバラク・ビン・サイフ・アール＝サーニー、作曲はアブドゥールアジス・ナーセル・オバイダンで、全編神への賛辞にあふれている。

　カタールでは湾岸方言と呼ばれる口語アラビア語が話されている。アラビア語は各地の方言に分かれていて、話し言葉では各地の方言が話されているが、書き言葉は共通の正則アラビア語である。神がムハンマドにコーランを与えたときの言葉を元にしているという。

　アラブ音楽文化圏でよく使用されるウードはリュートや琵琶の原型であり、官能的なベリーダンスもアラブ文化圏で発展したダンススタイルである。

カタール国　　61

As Salam al Amiri

Qasaman
qasaman
qasaman biman rafa' as-sama'
Qasaman biman nashraz.- z.iye'
Qat.arun satbaqa x.auratan
Tasmu birux.i l-aufie'

Siru' 'ala nuhaj il-'u
wa'la z.ia' il 'anbiya'
　　※ Qat.arun biqalbi sirat
　　　　'azul 'amjaad ul-'iba
　　　　Qat.arun ir-rajil al-'awain
　　　　aumatnu yaum al-inda'
　　　　Wax.amaymun yaum as-salam
　　　　Jawarix.a yaum al-fida'a
　　〈※繰り返し〉

Qasaman
qasaman
qasaman biman rafa' as-sama'
Qasaman biman nashraz- z.iye'
Qat.arun satbaqa x.aratan
Tasmu biruxi l-aufi'e

アラビア語歌詞のアルファベット表記

平和への賛歌

神に誓う
神に誓う
空を創りし神に誓う
光をあまねく照らす神に誓う
カタールは永遠に自由なり
誠実な魂によって高められん

汝は祖先たちの道を歩む
そして預言者の導きにより前進する
我が心の中に
　　　　　※　カタールは栄光と尊厳に満つ
　　　　　　　カタールは祖先の地
　　　　　　　苦難の時は我らを守り
　　　　　　　平和の時は鳩となり
　　　　　　　犠牲の時は戦士となる
　　　　〈※繰り返し〉

神に誓う
神に誓う
空を創りし神に誓う
光をあまねく照らす神に誓う
カタールは永遠に自由なり
誠実な魂によって高められん

英訳から翻訳

カタール国

カナダ
Canada

　全山真っ赤に紅葉したカエデはカナダの秋の景観を彩る。国旗にはそのサトウカエデの葉が一葉大きく描かれている。英語では The Maple Leaf Flag「カエデの葉の旗」、フランス語では L'Unifolié「一葉旗」と呼ばれる。カエデの葉のとげが 12 本なのは 10 州と 2 つの準州とを意味している（今のヌナブト準州は当時存在していなかった）。両端の赤はカナダが太平洋と大西洋に面していることを表す。赤が海を表す国旗は世界でもこれだけである。

　カナダは、モントリオールやケベックといった都市のあるケベック州はフランス語州で、最大都市のトロント、太平洋岸のバンクーバー、首都のオタワなどは英語圏である。もともとはフランスがセントローレンス川周辺に進出していたが、「七年戦争」でイギリスに敗れたときのパリ条約（1763）で、フランスは仏語地域をイギリスに割譲した。1931 年の「ウェストミンスター憲章」で、カナダは事実上の独立国となったが、今でも国家元首は英国王（女王）であり、総督がその代行として職務を行う。1976 年のモントリオール・オリンピックの開会宣言はイギリスのエリザベス女王が「カナダ女王」として行ったが、その後 2 回の冬季オリンピックに際しては総督が開会を宣した。

　カナダの国旗は、かつてはイギリスの商船旗である「Red Ensign」（旗竿側上部に英国旗を配し、旗面の 4 分の 3 が赤い旗）をベースに、右側の中央にイングランド王室の紋章である 3 頭のライオン、スコットランドの紋章である立ち上がったライオン、アイルランドのしるしであるハープ、そしてフランスのしるしである 3 個の「ユリ」を並べ、その下にカエデの葉 3 葉を配したデザインであった。これについて、フランス語系住民からは強い反対意見があり、イギリス色を消した旗に改定された。

　1964 年 10 月の東京オリンピックまでに改定されそうだということで注視していたが、両端を青にした場合は、風のない日はフランスの三色旗のように見えるといった意見も出され、オリンピック終了後の 12 月に下院と上院で、ようやく現在のデザインが承認された。そして、翌年 1 月 28 日に、エリザベス女王により、新国旗の宣言がなされ、2 月 15 日にいっせいに変更された。この日は「カナダ国旗の日」とされている。

国歌解説

　題名は『オー・カナダ（カナダよ）』、言語はフランス語と英語。カナダの"canada"は先住民のヒューロン・イロクォイ族の言語の「村」「村落」が語源である。歴史上、先住民居住地をイギリスとフランスが植民地建設で対立、パリ条約によってすべての植民地がイギリスの支配下となった。1867年の連邦化により自治領となり、1982年新憲法によってそれまでのイギリス領北米法が改正され、正式に独立した。自治領時代は英連邦として、英国歌が歌われていた。

　1880年にフランス系カナダ人、カリサ・ラヴァレーによって作曲され、アドルフ＝バジル・ルーティエ卿作詞の『オー・カナダ』フランス版が愛国歌となった。その後、1908年にロバート・スタンリー・ウィアが元となる英訳を行った。公用語が複数ある場合は翻訳されて同じ内容になることが一般的であるが、カナダの国歌の場合は、フランス語版と英語版の歌詞はかなり内容が異なっている。愛国歌となって100年後の1980年に国歌として正式に制定された。おのおの第4節まであり、第1節のみ歌われることが多い。

　国旗に描かれている「サトウカエデ」からメープルシロップが作られるが、その約70％はケベック産で、メープルシロップの輸出でカナダは世界1位である。

　アイスホッケーが最も盛んなスポーツで、冬季オリンピックにおいて、常に圧倒的な強さを誇る。音楽ではバッハに新解釈を示したクラシック界のグレン・グールド、ジャズ界ではオスカー・ピーターソンといった名ピアニストを輩出している。

カナダ　65

O Canada

（フランス語）

Ô Canada! Terre de nos aïeux,

Ton front est ceint de fleurons glorieux!

Carton bras sait porter l'épée,

Il sait porter la croix!

Ton histoire est une épopée

Des plus brillants exploits.

Et ta valeur, de foi trempée,

Protégera nos foyers et nos droits.

Protégera nos foyers et nos droits.

（英語）

O Canada! Our home and native land!

True patriot love in all of us command.

With glowing hearts we see thee rise,

The True North strong and free!

From far and wide, O Canada,

we stand on guard for thee.

God keep our land glorious and free!

O Canada, we stand on guard for thee.

O Canada, we stand on guard for thee.

オー・カナダ

（フランス語）

おお　カナダよ　我らが祖先の地よ

汝の額を飾るは栄光の花冠

汝の腕は剣を振るう術を知り

また十字架を運ぶ術も知る

汝の歴史は最も華々しき偉業の叙事詩

そして汝の信仰に満ちた勇敢さよ

我らが故郷と権利を護らん

我らが故郷と権利を護らん

（英語）

おお　カナダよ　我らが故郷　我らが祖先の地

我ら皆に真の愛国心が宿る

輝ける心で汝が興隆するのを見る

真の北国　強固にして自由の国

あまねく場所で　おお　カナダよ

我らは汝を守りゆく

神よ　我らの大地の栄光と自由を保ち給え

おお　カナダよ　我らは汝を護らん

おお　カナダよ　我らは汝を護らん

カナダ　67

歌唱ポイント

　英・フランス語ともに O Canada! と呼びかけるところから始まります。国歌に国名がある場合は、いつも心を込めて、丁寧に発音するように気をつけて歌いましょう。続く英訳では故郷や祖国、汝の子＝ all thy sons ＝ all of us、我ら皆に真の愛国心が宿るとあり、早メロディも威厳を保ちながら盛り上がります。フランス語訳では「祖先の地、額を飾るは栄光の花冠」と抽象的な表現です。英訳で With glowing hearts「輝ける心で」からは、CHORUS（コーラス）部分に向かって、楽曲が動きを持って展開します。さらに「〜汝を守りゆく」までには「真の北国」「あまねく場所で」とカナダの国の広大なイメージが想像できる歌詞に注目、大切に歌いましょう。フランス語訳では「汝の腕は〜術を知り」と剣や十字架を持つ歴史の、輝ける偉業を称える歌詞となり、言葉を正確に届けるように歌いましょう。

　音楽が結実した最後のコーラスでは、英訳の「われらは汝を守らん」という意志とフランス語訳の「我らが故郷と権利を守らん」神への深い愛を高らかに歌い上げましょう。

　お気付きのようにフランス語と英語ではかなり意味が違います。「神様、どうか私たちの故郷と権利をお守りください」と主への祈りや願いを最後に歌う、宗教的なフランス語に対して、英語の最後には「自分たちの国、カナダよ、私たちはあなたを守っていきます」という強い意志を歌いあげています。

　英語の２行目の歌詞に "in all of us command" というフレーズがありますが、長年にわたる論争の末、2018 年に "in all thy sons command" だった歌詞から変更し、性別を問わない内容とする法案がカナダ上院を通過したと報道されました。国内でも歌詞の変更には賛否両論あり、私（新藤）は本書添付のＣＤではオリジナルの歌詞で歌っています。

カナダ　**69**

ギリシャ共和国
Hellenic Republic

国旗解説

　青と白の9本の縞には、①独立戦争が1821年から9年間続いたから、②「自由か死か」のギリシャ語が9音節だから、③ゼウスの神に娘が9人いるから、の3説がある。青と白は王家の紋章の色であったが、共和制となり、青空とエーゲ海、白は純潔と平和を表す。19世紀前半に活躍した、イギリスのロマン主義文学を代表する詩人ジョージ・ゴードン・バイロン（1788～1824）は、男爵家を相続し、若くして、ギリシャの古典文明に深い関心を寄せ、その一方で自由奔放な生活で社交界の花形になる。オスマン帝国支配下のギリシア独立運動を支援、「ギリシャに自由を」運動を起こし、1824年、ギリシャ独立戦争に参加するために自らギリシャに赴き、21発の礼砲で歓迎され、直ちに5千人の部下を持つ指揮官に任命されたが、このあとすぐに熱病に罹患、高熱を発して、36歳で亡くなった。

　古代のオリンピックは、BC9世紀ころにペロポネソス半島のオリンピアで始まり、AD393年に終わりを迎えたが、フランス人のピエール・ド・クーベルタン（1863～1937）らの努力によって再興され、1896年にギリシャのアテネで近代オリンピック第1回大会が開催された。こうしたことから、ギリシャはオリンピックでは特別の扱いを受け、どの大会の開閉会式でも入場行進の先頭となる。また、オリンピックの開催国は常に最後に入場するとなっているので、2004年のアテネ・オリンピックでは最初にギリシャの国旗だけが入場し、行進の最後に国名を表示するプラカードと、もう1つの国旗を掲げ、ギリシャの選手団が入場した。

　共和制が確立した後の1978年までは陸上用の国旗は十字の部分のみ、海上用の国旗は現在と同じデザインだったので、1964年の東京オリンピック開会式での入場行進のときとヨット競技では国旗のデザインが異なっていた。

ギリシャ共和国

国歌解説

題名は『自由への賛歌』、言語はギリシャ語。4行詩で158節ある叙事詩から2節が歌われる。158番までというのは世界最長、一番長い歌詞を持っている国歌がギリシャである。

作詞者はギリシャを代表する詩人のディオニシオス・ソロモスで、1823年につくられた。当時のギリシャは400年にわたるオスマン帝国の支配下にあり、独立戦争の最中に歴史的事実の推移を記述するべく、一気に書き上げたといわれている。

作曲はソロモスの友人でもあるニコラオス・マンザロスで、1828年にこの膨大な叙事詩に、さまざまなスタイルで曲をつけた。全曲、緩急明暗ありの1時間弱の大作だったが、現在は明るい3拍子の2節のみ、国の標語である「自由または死」の通り、「自由万歳！」と歌われる。

ギリシャの独立戦争には、イギリス・フランス・ロシア列強の思惑が見え隠れし、オスマン帝国からの独立には、列強の介入が必然であった。1833年初代国王に選ばれたのは、バイエルン王国から迎えたオソン1世だった。クーデターによってオソン1世が退位するまでの間、ギリシャ人よりもバイエルン人が重用され、バイエルン王家の賛歌を国歌に制定していたが、1863年デンマークより迎えられたゲオルギオス1世が国王に即位して以降は、国民に主権が戻り、1885年『自由への賛歌』2節が再び国歌として決定された。

トルコの南方に位置するキプロス共和国の国歌は、ギリシャとまったく同じ歌詞と曲である。同じメロディで異なる歌詞という国歌はいくつかあるが、歌詞まで同じという国歌はギリシャとキプロスだけである。

ギリシャはオリンピックの開会式では1番目に登場し、閉会式では必ず国歌が演奏される。それは言わずと知れた近代オリンピック発祥の地への敬意の表れである。

Ύμνος εις την Ελευθερίαν

Σε γνωρίζω από την κόψη
του σπαθιού την τρομερή,
σε γνωρίζω από την όψη
που με βια μετράει τη γη.
Απ' τα κόκκαλα βγαλμένη
των Ελλήνων τα ιερά,
και σαν πρώτα ανδρειωμένη,
χαίρε, ω χαίρε, Ελευθεριά!

自由への賛歌

我らは汝を織る

その剣の恐るべき切っ先に

我は汝を織る

大地を束ねるその目の先に

聖なる先人の骨より

生まれ出でん

古より勇敢なりし

汝を讃えよ　自由万歳

歌唱ポイント

　ギリシャの国歌は3拍子です。3拍子の国歌はアメリカ、イギリス、ポーランド、オーストリア、スイス、ブルガリア、フィンランド・エストニアなど、比較的耳にする機会が多い国々が並びますが、世界的にみると少数派です。

　明るい3拍子のメロディは、同じMaestoso（マエストーソ＝堂々として）という曲想でも重々しくはなりません。ヘ長調の持つイメージは一般に優しさ、平和、素朴とされているので、皆さんの感性にもそのように訴えかけてくるでしょう。

　冒頭の「セ　グノリーゾ～＝我は汝を識る～」が2回歌われますね。ラ・シ・ドから始まる4小節、ソ・ラ・シで始まる4小節、それぞれが同じリズムで書かれています。「我は何を識る」のかというと……、1回目が「その剣の恐るべき切っ先に」、2回目が「大地を束ねるその目の光に」です。メロディの音の運びや、リズムの同じところを探すのは、早く歌えるようになるコツです。声を張り上げずにp（ピアノ＝弱く）言葉を丁寧に歌いましょう。「エレフテリア（自由）」は表題でもある大切な言葉であり、ギリシャの女性の名前にも多く使われている女性名詞です。

　最後の「キェ　サン　プロータ～」と2度続けて歌うフレーズは、「古より勇敢なりし　汝を讃えよ　自由万歳！」と歌われている通り、1回めはf（フォルテ＝強く）、2回めはff（フォルティッシモ＝より強く）で歌いましょう。同じメロディが2回続くとき、同じ言葉を2回歌うときには、強弱の差をつけると上手に聞こえます。皆で声を合わせ、合唱するときには効果絶大です。

　直訳すると「ヘレネ人」も登場し、かつて栄えた先人達、その勇敢さを受け継ぎ、「万歳　おお万歳　自由」と2回、深い息を流して、喜びを持って、声高らかに響かせて歌いましょう。

ギリシャ共和国　　75

クロアチア共和国
Republic of Croatia

国旗解説

「ネクタイ発祥の地」として知られるクロアチア。最近では、2013年7月1日に正式にEU（ヨーロッパ連合）の28番目の加盟国となった。これは、旧ユーゴスラビア構成国家（ほかに、スロベニア、ボスニア・ヘルツェゴビナ、コソボ、セルビア、モンテネグロ、マケドニア）の中では、スロベニアに続く2例目ということだ。

　1918年にスロベニア、セルビアとともに独立し、「南スラヴ人の国」を意味するユーゴスラビアとして独立した。国旗として青、白、赤のスラブの3色による横三色旗を採択した。オランダ国旗を逆さまにしたような配色である。

　第二次世界大戦後、ヨシップ・ブロズ・チトー（1892〜1980）の指導の下で独自の社会主義連邦となり、国旗の中央に黄色で縁取られた赤い、大きな星を追加した。チトー亡きあと、かろうじて国内諸民族国家のバランスを維持していたが、1991年、クロアチアは独立を宣言した。連邦軍との武力衝突が惹起され、セルビア系住民の多いクライナ地方を失ったが、1995年8月奪還、12月セルビアを中心とする残余のユーゴスラビア包括的和平協定を結んだ。

　クロアチアの国旗は汎スラヴ色の赤、白、青の横三色旗であるが、ユーゴスラビア国旗の青、白、赤の国旗とは色の順番が逆転した、オランダ国旗と同じ配色である。

　中央に位置する、日本の市松模様のような紅白のチェックの紋章は「シャホブニツァ Šahovnica」と呼ばれ、13世紀に遡るクロアチア伝統の標章である。その上には、左から、首都のザグレブ周辺の中央クロアチア、海賊が造った市街地が世界遺産として登録された大観光地になっているドゥブロブニク、男声合唱団で知られるダルマチア、アドリア海に突き出る三角形の半島にあるイストリア（イストラ）、セルビアに隣接し、1990年代の紛争で多くのセルビア系住民が難民化したスラバニアの5つの紋章を小さく載せている。2018年のサッカーW杯モスクワ大会では決勝戦まで勝ち進み、優勝したフランスとの間にMFのモドリッチらが大接戦を演じたのは記憶に新しい。ユニフォームのシャホブニツァが縦横に動き回る強烈な印象を世界に示した。

クロアチア共和国

国歌解説

題名は『麗しき我が故郷』、言語はクロアチア語。歌詞は詩人のアントゥン・ミハノヴィッチが 1835 年に書いたもので、軍人でもあった作曲家のヨシップ・ルニャニンが 1846 年に作曲した。全 2 節ある歌詞は祖国愛にあふれ、サヴァ川、ドラヴァ川、ドナウ川と美しい自然を愛でる内容になっている。ルニャニンの曲は、ガエターノ・ドニゼッティ作曲のイタリアオペラ『ランメルモールのルチア』のメロディの一節をモチーフとしたこのルニャニンの名曲は、1891 年に初演されて以来長く聖歌として親しまれ、1991 年の独立宣言とともに国歌となった。

もともとクロアチアは 9 世紀後半に南スラヴ系民族によってつくられた。12 世紀、ハンガリーの介入によりハンガリー王がクロアチア王を兼任。15 世紀にオスマン帝国の影響下となり、16 世紀にはオーストリア・ハプスブルク家の支配を経て、オーストリア・ハンガリー帝国誕生に伴い、クロアチアも組み込まれた。第一次世界大戦後の 1918 年、同じ南スラヴ系のセルビア、スロベニアとともに 1 つの王国を成立、その後 1929 年「南スラヴ」を意味する「ユーゴスラビア」を用いて「ユーゴスラビア王国」と改名された。第二次世界大中は解体されたが、戦後再結成し、社会主義国として 7 つの国境、6 つの共和国からなる多民族国家となった。東欧の共産主義崩壊の中で、1991 年クロアチアはスロベニアとともに独立を宣言、ユーゴ崩壊のきっかけとなった。セルビア人との内戦は長きにわたり混迷を極めたが、1995 年に和平協定が結ばれた。1835 年『母国クロアチア』を発表したミハノヴィッチの冒頭にある "Lijepa naša"（我らが麗しき）という言い回しは、現在も接頭語として会話に登場する言葉である。

南クロアチアの都市ドゥブロヴニクは地中海海賊が作った街として有名であり、アドリア海の真珠と謳われ、巨大な石の壁に囲まれた旧市街は世界遺産に登録されている。民族音楽のクラパはア・カペラの男声合唱であり、ユネスコ無形文化遺産。サッカーやテニスでも名プレイヤーを輩出している。

Lijepa naša domovino

1. Lijepa naša domovino,
   Oj junačka zemljo mila,
   Stare slave djedovino,
   Da bi vazda sretna bila!

   Mila kano si nam slavna,
   Mila si nam ti jedina.
   Mila kuda si nam ravna,
   Mila kuda si planina!

2. Teci Dravo, Savo teci,
   Nit' ti Dunav silu gubi,
   Sinje more svijetu reci,
   Da svoj narod Hrvat ljubi.

   Dok mu njive sunce grije,
   Dok mu hrašće bura vije,
   Dok mu mrtve grobak krije,
   Dok mu živo srce bije!

麗しき我が故郷

1. 麗しき我が故郷
   勇敢な国、恵み豊かな土地
   古の祖先の栄光よ
   永久に祝福されんことを

   我らの栄光は親愛なる祖国
   親愛なる祖国はただひとつ
   親愛なる祖国の地よ
   親愛なる祖国の山々よ

2. ドラーヴァ川、サヴァ川、
   ドナウ川よ、滔々と力強く流れ続けよ
   碧き海よ　世界に伝えよ
   我らクロアチア人が　この国を愛していることを

   陽光が祖国の地に注ぐその時にも
   強風がオークの木々に吹きつけるその時にも
   先人が墓に眠るその時にも
   人々の心臓が鼓動を続けるその時にも

クロアチア共和国　79

コロンビア共和国
Republic of Colombia

国旗解説

　南米大陸の北西端、パナマに隣接している。というより、パナマはコロンビアから独立した地域なのだ。
　フランシスコ・ミランダ（1750〜1816）は、カラカス生まれながら、フランス革命後の激動するヨーロッパで、軍事と社交界で活躍した。スペイン領アメリカの独立運動を天命と考え、旧知のアメリカ第3代大統領ジェファーソンの了解と国務長官マジソンの援助によって、1806年2月2日、約200人の兵員を率いてニューヨークを発った。ヨーロッパ大陸ではナポレオンが猛威を振るい、列強は遠い植民地に十分な兵力を向ける余裕がなかった時期である。しかし、事前に計画が漏れたことや、地元民の十分な協力が得られなかったことから、この計画は失敗したが、黄色、青、赤というよく目立つ国旗はこのときの旗に由来する。
　しかし、南米各国の独立を指導したシモン・ボリバルの指導により、1819年、スペイン副王軍を破り、コロンビア（現在のパナマを含む）、エクアドル、ベネズエラの全域とガイアナ、さらにはペルー、ブラジルの一部を含む広大な地域を「グラン（大）・コロンビア」の名で統合、スペインから独立した。
　コロンビアの国旗は1861年に公式に決定されたが、ベネズエラ、エクアドルの国旗も、黄、青、赤の横三色旗で、よく目立つデザインになっている。それぞれの色の意味するところについては、いくつかの説がある。各専門書の記述を合わせると、黄は独立、正義、国土、青は海を表し、スペインからの分離を表現している。また、黄色は富・主権・正義を、青は富貴・忠誠・警戒を、赤は勇気・名誉・寛容・犠牲を通じての勝利を表すともいわれている。さらに簡単に、黄は鉱物資源と富、青はカリブ海、赤は独立運動で流された血という説明もある。
　パナマはアメリカの後押しで、1903年にコロンビアから独立した。ただし、1914年には「運河地帯をアメリカ合衆国に譲渡する」ための条約を結び、1977年になって、「パナマ運河の永久中立に関する条約」により、運河の統治権がパナマに返還された。

コロンビア共和国

国歌解説

　16 世紀に始まったスペインによる植民地化を経て、1810 年に独立宣言。1819 年、シモン・ボリバルがグラン・コロンビアを建国。1830 年エクアドル、ベネズエラが分離独立。1886 年国名がコロンビア共和国となる。コロンビアとは「コロンブスの土地」に由来する。

　国歌の題名は"Himno National de Colombia"『コロンビア国歌』。"Himno"は神への賛歌というニュアンスがある。言語はスペイン語。1920 年に国歌として制定された。他の南米の国々と同様に、イタリアオペラ風の大曲である。作曲はイタリア人のオレステ・シンディチで、リフレインと独唱が繰り返される楽曲構成となっている。歌詞は当時のラファエル・ヌーニェス大統領が、自ら全 11 節まで書き上げたが、現在は第 1 節のみ演奏されることが多い。前奏は金管楽器のファンファーレで始まり、愛国心を鼓舞するような元気で勇ましいメロディとともに、戦いの歴史の中で勝ち取った自由、独立への崇高な精神が激しい言葉で掲げられ、胸に迫るものがある。

　コーヒー、エメラルド、バラの世界的な産地として有名。コロンビア産のコーヒーは日本に多く輸入されている。スポーツでは、サッカーが熱狂的に愛されている。また自転車競技も人気が高く、世界最古の自転車ロード・レースのツール・ド・フランスではコロンビア人レーサーが多数活躍している。音楽では、カリブ海沿岸地域発祥アフリカ系クンビア、リズムを特徴とする山岳地帯の音楽バンブーコなど、ダンスミュージックの人気も高い。

コロンビア共和国

Himno Nacional de la República de Colombia

¡Oh gloria inmarcesible!
¡Oh júbilo inmortal!
¡En surcos de dolores
el bien germina ya!

¡Cesó la horrible noche!
La libertad sublime
derrama las auroras
de su invencible luz.
La humanidad entera,
que entre cadenas gime,
comprende las palabras
del que murió en la cruz.

¡Oh gloria inmarcesible!
¡Oh júbilo inmortal!
¡En surcos de dolores
el bien germina ya!

第 1 節のみ掲載

コロンビア国歌

おお　不滅の栄光よ
おお　永遠の喜びよ
苦しみの底に
もう善きものが芽吹いている

恐ろしい夜が終った
崇高な自由が
その無敵の光を
夜明けに照らす
鎖の間からうめき声を漏らす
全ての人々は
十字架に掛けられし者の
言葉を知る

おお　不滅の栄光よ
おお　永遠の喜びよ
苦しみの底に
もう善きものが芽吹いている

コロンビア共和国　　*83*

サモア独立国
Independent State of Samoa

国旗解説

　南十字星で、この国が南半球にあることを示している。加えて、古くからニュージーランドと深い関係にあったことも示しており、ニュージーランドの国旗と同じように、南十字星を構成するひとつひとつの星の大きさや位置が、国旗法によって明確に定められている。

　サモア諸島は欧米諸国が捕鯨船の補給基地として重視し、ウィルヘルム2世の時代に西経171度線を境として西側はドイツ領となったが、逆に東側はアメリカ領サモアになった。

　サモア独立国はサモア諸島のサバイイ、ウポルなど9つの島から成り、第一次世界大戦後は国際連盟の委任統治領、1945年以降は国際連合の信託統治領となって、いずれもニュージーランドの管理下にあった。

　1961年の住民投票を経て、翌年1月1日に独立。独立後も、国旗の旗竿側上部の近似性が示すように、経済面などでニュージーランドの強い影響下にある。1997年7月に国名を「西サモア」から「サモア独立国（サモア）」に変更した。

　サモアのラグビー協会は財政破綻を経験したばかりだが、さまざまな支援と選手たちの努力で、2019年に日本で開催されるW杯には8大会連続8度目の出場を果たすことになった。

　サモア国旗の原型は、ニュージーランドによる国連信託統治時代の1948年に、2人の大首長がニュージーランドの国旗を参考にデザインしたものである。5つの星は南十字星であり、往時、南半球を航海するときの指針になった。全天で88ある星座のうち最も小さく見えるものである。サモア国旗に描かれる星は当初、4つだったが、翌年に1つ追加され、オーストラリア国旗の南十字星と同じ5つ星となった。星が白いのは国民の純粋さを、赤は勇気を、青は太平洋と自由を表している。

サモア独立国

国歌解説

「サモア」と呼ばれる地域は2つある。1つは米領サモア(東サモア)、そしてもう1つがこのサモア独立国(西サモア)である。サモア独立国はかつてドイツ領から、ニュージーランド委任統治、国連信託統治を経て1962年独立した。キリスト教徒が大半を占め、公用語はサモア語と英語である。「マタイ」という首長の権限が強く残るが、母系社会の伝統も残っている。サモア人はニュージーランド、ハワイ、カリフォルニアなどに、本国を上回る人々が暮らしている。

国歌の題名は『自由の旗』、言語はサモア語。"The Banner of Freedom"という英語の歌詞もある。「サモアよ　立ち上がれ　御旗(みはた)を掲げよ」と歌い出され、珍しいことに「それはサモアのために亡くなったイエス・キリストの徴(しるし)」「神のご加護と自由のもとに　恐れるものは何もなし」のところは同じメロディに異なる歌詞が存在し、その歌詞は地域やその集まりによって選べるとされている。作詞・作曲はともに、サウニ・リガ・クレサ、讃美歌風からポピュラー風まで、アレンジの自由な国歌である。1962年の独立とともに国歌として制定された。

サモア人は音楽やダンスを愛する人が多い。フィアフィアという木製の太鼓で刻まれるリズムに合わせて、火とナイフを使って踊るダンスが有名である。また、サモアは軍隊を持たない国の1つである。有事の際には友好条約を結んでいるニュージーランドが支援を行うことになっている。

サモア独立国　　**85**

O Le Fu'a o Le Sa'olotoga o Samoa

Samoa, tula'i ma sisi ia lau fu'a, lou pale lea!

Samoa, tula'i ma sisi ia lau fu'a, lou pale lea!

Vaai 'i na fetu o lo'ua agiagia ai:

Le faailoga lea o Iesu, na maliu ai mo Samoa.

Oi, Samoa e, uu mau lau pule ia faavavau.

'Aua e te fefe; o le Atua lo ta fa'avae, o lota sa'olotoga.

Samoa, tula'i: 'ua agiagia lau fu'a, lou pale lea!

サモア語のみ掲載

Le faailoga lea o Iesu, na maliu ai mo Samoa. は Le faailoga lea o Samoa ua mafa i malō Tautai. と歌われることもある。同様に 'Aua e te fefe; o le Atua lo ta fa'avae, o lota sa'olotoga. は 'Aua e te fefe; ele tue avea lou pale, o lota sa'olotoga. と歌われることもある。

自由の旗

サモアよ　立ち上がれ　御旗を掲げよ

サモアよ　立ち上がれ　御旗を掲げよ

見よ　御旗に煌めく星々を

それはサモアのために亡くなったイエス・キリストの徴

ああサモアよ　その力は永遠に

神のご加護と自由のもとに　恐れるものは何もなし

サモアよ　立ち上がれ　このはためく御旗のもとに

サモア独立国　　*87*

歌唱ポイント

　サモア語もポリネシア諸語に属し、サモア独立国の公用語です。発音が母音体系であり、マオリ語と同様、日本語の発音と似ていて、歌いやすい言語といえます。「ガギグゲゴ」は、日本語の鼻濁音とほぼ同じ発音なので、柔らかく聞こえます。言葉数が多いので難しそうに思うかも知れませんが、ポコポコするような発音がくちびるに楽しく、「習うより慣れよ！」の言葉の通り、何度も歌って慣れましょう。

　アレンジの自由な国歌なので、讃美歌風にしっとりと歌うパターンもありますが、私（新藤）はあえて元気よく、若い国の若い力に溢れる曲調で歌いました。国歌の解説の中で、中間部が異なる歌詞で書かれており、それは自由に選択できることを書きましたが、楽譜で上段に書かれている歌詞がオフィシャルの場では多く歌われるので、そちらを歌いました。「サモアよ、立ち上がれ、御旗を掲げよ」から始まり、題名となっている「旗」の持つ意味、どれ程その国の人々が、自国の国旗に熱い想いを持っているのかを想像しながら、想いに寄り添いながら、歌いたいですね。「見よ、御旗に煌めく星々を」「それはサモアのために亡くなったイエス・キリストの徴」、と続きます。国歌ならではに登場する重い御言葉と思います。心して歌うようにしています。

　一度聴いたら、「カッコイイ国歌！」と思っていただけると思います。【中位の速さで】という意味のModeratoというテンポ。曲頭から「立ち上がれ！」とf（フォルテ）で力強く歌い始め、さらに早口言葉を音符の中にうまくあてはめていきましょう。付点のリズムが強い緊張感を伴います。「おおサモアよ」から8小節はリズムも穏やかにソフトに歌いましょう。付点のリズムで音が上がって行く「恐れるものは何もなし」からは決然と、神とともにあり、宝物である自由を高らかに歌い上げます。フレーズのおしまいを少したっぷり歌ったら、テンポを戻し、「サモアよ　立ち上がれ　御旗をあげよ」で歌ったテーマがもう一度出てくる「サモアよ　立ちあがれ　このはためく御旗のもとに」の美しいメロディを印象的に聞かせましょう。

サモア独立国　**89**

ジョージア (旧グルジア)
Georgia

国旗解説

　白地の赤い十字というイングランドの守護聖人セントジョージ（聖ゲオルギウス）十字と共通の起源を有するデザイン。13世紀にはバグラティオニ朝グルジア王国の旗として使用されたとか、14世紀にモンゴルの支配を脱しようとギオルギ5世（光輝王）がこの旗を掲げて奮闘したという言い伝えがある。東方系キリスト教の国。1918年からソ連に編入されるまでの約3年間、グルジア民主主義共和国と称していた時期にもこの国旗が使われていた。

　さらに、ソ連邦の崩壊過程でもこの国旗は見られたが、1991年12月の同解体では、別のデザインであった。すなわち、1990年から2004年までは、旗竿側上部に黒と白の帯を付けた臙脂地の国旗だった。黒と白は19世紀の初め、ロシアに抵抗したときの旗に由来し、臙脂は過去および未来のよき時代を、黒はロシア帝国による暗黒の統治を、白はそこから脱したことと、平和への希望を表すとされていた。

　近年のジョージア西部や北部には移住したロシア系住民が多く、ロシアが自国領に編入すべきだとする南オセチア、アブハジアの帰属を巡ってロシアと軍事衝突（2008年）し、北京オリンピック開会式直後にプーチン首相（当時）は文字通り、踵を返してその指揮にあたって事実上、抑え込んだことで注目された。

　これより前、1999年に議会は現在の旗への移行を決議したが、当時のエドゥアルド・シェワルナゼ大統領（元ソ連外相）の拒否により実現しなかった。

　しかし、2003年11月の「バラ革命」で、ミヘイル・サアカシュヴィリ大統領率いる「国民運動」の党旗として使われ、シェワルナゼが「バラ革命」によって失脚した後、2004年1月14日に議会でこの国旗が再び可決され、サアカシュヴィリ新大統領が承認、国旗として正式に採択された。2019年の日本で開催するラグビーW杯には5大会連続5度目の出場となる。

ジョージア（旧グルジア）

国歌解説

　旧ソ連を構成する共和国の１つであったため、日本では長い間ロシア風に「グルジア」と表記されていたが、本国からの要請により、2015年に英語風の「ジョージア」と表記されるようになった。キリスト教の聖人、聖ゲオルギウスの名にちなむ呼称。古くから伝統的なキリスト教国で、キリスト教が布教されたのは４世紀のことである。古来、東西文化の十字路と呼ばれた地域で、アジアとヨーロッパが交錯する複雑な文化を持っている。ソ連から離脱後も、親欧と親ロシアの対立が続く。

　題名は『タヴィスプレバ』で、「自由」という意味である。2004年の政権交代まで、コテ・ポツフヴェラシュヴィリ作曲の『賞賛』が国歌として歌われていた。サアカシュヴィリ政権下で制定された『タヴィスプレバ（自由）』はジョージア国民楽派の代表的な作曲家、ザカリア・パリアシュヴィリの２つのオペラ作品『アブサロムとエテリ』『薄暮』のメロディを元にヨセブ・ケチャクマゼが編曲した。ダヴィト・マグラゼの歌詞には「我がイコンは我が祖国　神への信頼こそ我が信念」とあり、イコンとは正教会における聖像を指す。

　ジョージアは、黒海に面し、ロシアとトルコに挟まれたコーカサス地方に位置している。国土の多くを占める山岳地帯（コーカサス山脈）は、ワイン発祥の地といわれ、ワイン生産が盛んである。2018年大相撲初場所において初優勝を果たし、大関への大躍進を見せた栃ノ心は、母国ジョージアの英雄である。伝統音楽の数々の中で、「ポリフォニー」（多声音楽）は合唱の原点であり、その魅力あふれる音楽は、2001年にユネスコの無形文化遺産に登録された。民族衣装をまとった舞踊は必見である。

ジョージア（旧グルジア）　　91

（ジョージア語）**თავისუფლება**

（英語）**Tavisupleba**

（グルジア語／ジョージア語）

ჩემი ხატია სამშობლო,
სახატე მთელი ქვეყანა,
განათებული მთა-ბარი,
წილნაყარია ღმერთთანა.
თავისუფლება დღეს ჩვენი
მომავალს უმღერს დიდებას,
ცისკრის ვარსკვლავი ამოდის
და ორ ზღვას შუა ბრწყინდება,
დიდება თავისუფლებას,
თავისუფლებას დიდება.

（英語）

Our icon is the homeland
Trust in God is our creed,
Enlightened land of plains and mounts,
Blessed by God and holy heaven.
Freedom we have learnt to follow
Makes our future spirits stronger,
Morning star will rise above us
And lighten up the land between the two seas.
Glory to long-cherished freedom,
Glory liberty!

タヴィスプレバ

我がイコンは我が祖国

神への信頼こそ我が信念

輝く平野と山々は

神と聖なる天の祝福なり

我らが学びし自由が

明日への精神に力を与える

夜明けの明星は来たりて

ふたつの海に挟まれた　この国を照らさん

讃えよ　長きにわたる自由を

この自由を讃えよ

英語版からの翻訳

ジョージア（旧グルジア）

スイス連邦
Swiss Confederation

国旗解説

　神聖ローマ帝国（ハプスブルク家）の傘下にあったが、1291年8月21日、シュヴィーツ、ウーリ、ウンターヴァルデンの3州がオーストリアに抗して「スイス誓約同盟」を締結したというのがスイス連邦の濫觴であり、この日を今は「建国記念日」としている。1315年のモルガルテンの戦いで歴史的勝利をおさめ、同盟に参加する州を増やした。国旗は建国当時のシュヴィーツの兵の盾の図柄に由来する。赤地にキリストの受難像を描いたもので、赤は「力と主権」、さらには「戦場で流れた血」を、「白十字」は「キリスト教」を表している。

　独立が公認されたのは1648年のウェストファリア条約による。しかし、独立後も欧州各地の戦争に傭兵としてかかわることが多く、ナポレオン戦争後の1815年の「ウィーン会議」で、永世中立国としての国家の継続が承認された。傭兵の伝統は今でもローマ教皇庁の衛兵として、ミケランジェロがデザインしたというはでな服装で主に観光客向けに、サンパウロ広場などで働いている。

　国内では通常、正方形の旗を使用するが決まりはなく、縦横比2：3のデザインのものも使用されている。

　赤十字の旗は、創立者アンリ・デュナンがスイス人であり、創立にスイス政府のかかわりが大きかったので、スイスに敬意を表して、スイス国旗のその色を逆にしたもの。トルコの加盟にあたり、同国の国旗に由来する「赤新月」を標識にし、イランの加盟にあたっては帝政時代の国旗に由来する「赤獅子太陽」の標識を認め、2005年になり、イスラエルが「Red Cristal」を標識とすることが認められた。赤十字・赤新月国際連盟は191社から成るが、内160社が「赤十字」、1979年のイラン革命後「赤新月」になったイランを含む30社が「赤新月」、1社が「Red Cristal」を標識にしている。日本赤十字社は1877年、西南戦争に際し「博愛社」の名前で創設され、約10年間、「日の丸」の下に赤い線を入れた標識を使用していた。

国歌解説

　スイスはヨーロッパの中央部、アルプスの山岳地帯に位置する多民族国家である。峠に囲まれた文化の十字路として古代以来ケルト系、ゲルマン系の諸民族やローマの影響を強く受ける。国旗解説にもあるように、1815 年に永世中立国となった。武装中立、地域分権、直接民主制という独自体制で知られ、1848 年に連邦制が成立。この複雑な歴史背景により、4 言語（ドイツ語、フランス語、イタリア語、ロマンシュ語）とも公用語になっている（全人口の約 7 割がドイツ語、2 割強がフランス語、1 割弱がイタリア語を日常的に用い、約 0.5% がロマンシュ語を話す）。永世中立国であることから、国内に多くの国際機関の本部が置かれている。

　題名は『スイス賛歌』、言語はドイツ語、フランス語、イタリア語、ロマンシュ語。4 つの言語とも公式の歌詞と認められている。第 4 節中第 1 節が歌われることが多い。1841 年、修道士でもあったアルベリク・ツヴィシクの元に 1 通の手紙が届いた。差出人の名前はレオンハルト・ヴィトマーで、手紙の内容は、「私の詩に曲をつけてください」というものだった。ツヴィシクはヴィトマーの詩を気に入り、かつて自身が讃美歌として作曲した作品を編曲し、『スイス賛歌』として発表した。オリジナルの言語はドイツ語。スイス政府は、この曲を国歌とするためのアンケートを行ったが、各州で意見がさまざまに分かれ、結局、国歌に制定されるまで 40 年もかかった。仮の国歌だった時代（1961 年まで）は、英国歌と同じメロディが国歌に準ずるものとして歌われていた。

　スポーツではスキーやアイスホッケーなどが盛んで、オリンピックで数多くのメダルを獲得している。また、サッカーやテニス、自転車などの分野からも多くの世界的なアスリートを輩出している。

（ドイツ語）Schweizerpsalm
（フランス語）Cantique Suisse

（ドイツ語）

Trittst im Morgenrot daher,
Seh'ich dich im Strahlenmeer,
Dich, du Hocherhabener, Herrlicher!
Wenn der Alpenfirn sich rötet,
Betet, freie Schweizer, betet!
Eure fromme Seele ahnt
Eure fromme Seele ahnt
Gott im hehren Vaterland,
Gott, den Herrn, im hehren Vaterland.

（フランス語）

Sur nos monts, quand le soleil
Annonce un brillant réveil,
Et prédit d'un plus beau jour le retour,
Les beautés de la patrie
Parlent à l'âme attendrie;
Au ciel montent plus joyeux
Au ciel montent plus joyeux
Les accents d'un coeur pieux,
Les accents émus d'un coeur pieux.

第 1 節のみ掲載

（イタリア語）**Cantique Suisse**
（ロマンシュ語）**Psalm Svizzer**

（イタリア語）

Quando bionda aurora
il mattin c'indora
l'alma mia t'adora re del ciel!
Quando l'alpe già rosseggia
a pregare allor t'atteggia;
in favor del patrio suol,
in favor del patrio suol,
cittadino Dio lo vuol,
cittadino Dio, si Dio lo vuol.

（ロマンシュ語）

En l'aurora la damaun
ta salida il carstgaun,
spiert etern dominatur, Tutpussent!
Cur ch'ils munts straglischan sura,
ura liber Svizzer, ura.
Mia olma senta ferm,
Mia olma senta ferm
Dieu en tschiel, il bab etern,
Dieu en tschiel, il bab etern.

第1節のみ掲載

スイス賛歌

暁_{あかつき}に染まる空

頭上に降り注ぐ陽光

主の姿　そこに在らん

アルプスの峰々が光り輝くとき

祈りを捧げ　汝にひれ伏さん

我らは知る

我らは知る

この国が主と共にあることを

ドイツ語版からの翻訳

コラム column　ピョートル大帝がパクった？　ロシア国旗

　オランダとルクセンブルクの国旗は青の濃淡で区別するほかないが、単独で見せられるとどちらか区別が難しいこともある。オランダ国旗の3色はオラニエ家の紋章である〈青地に、オレンジ色の房紐で飾られた白い角笛〉に由来するもの。やがて、オレンジ色が遠くからははっきりしない色であることや、染めても色が褪せやすいといったことなどから赤に変わっていった。ルクセンブルクの国旗は公家の紋章〈白と青の縞模様の地に描かれた赤いライオン〉に由来するもの。

　数年前、筆者（吹浦）は大阪の朝日放送（ABCテレビ）のバラエティ番組に何度か出演したことがある。そのときにロシアの国旗が話題になり、「17世紀末にロシアのピョートル大帝が船大工に身を窶し、海運業で世界に雄飛していたアムステルダムで造船技術の実習をしていた。大帝は“ロシアにもあの国旗を”と言い出し、オランダの国旗の色の順番を変えたと伝えられている」と説明したところ、ブラックマヨネーズの小杉竜一さんが、「ピョートルさんがパクったか、忖度させられたかという感がする」と切り込んできた。さすが、吉本興業のベテラン芸人と感心してしまった。

　今のロシアの国旗は、ピョートル大帝からニコライ2世までの200余年続き、ソ連時代を置いて、1991年12月25日のソ連解体に伴い、復活した。白青赤は「スラブの色」とされ、チェコ、スロバキア、スロベニア、クロアチア、セルビアなどの国旗に取り入れられ、東欧のスラブ系諸国の国旗は旧ロシア帝国国旗の影響を受けたデザインが多く、まさに「パクった」感がする（笑）。

　また、ブルガリアの国旗はロシア国旗の青を緑に換えた。ちょうど、フランス三色旗とイタリア三色旗のような関係にあるといえよう。

（吹浦忠正）

スウェーデン王国
Kingdom of Sweden

国旗解説

　ロシア、フランス、ウクライナ、スペインに次いでスウェーデンはヨーロッパで日本より面積が広い国の1つ。

　国旗は青地に金のスカンジナビア十字（ノルディック・クロス）から成るデザインの1つで、「金十字旗」とも呼ばれる。

　ヴァイキングの時代である10世紀の後半には王朝が成立したとされるが、正確な建国の歴史は明らかになっていない。デンマークの影響下にあり、何度かの反乱を経て、1523年に正式に独立国家とみなされるようになった。その過程で、1157年、エリク9世がフィンランド地方の異教徒との戦で苦戦しているとき、青空に金十字が横切るのを見て勝利を確信したという故事に由来するとされているが、スウェーデン政府発行の公文書にはそのことを確認する表現が見られないので伝説の類というべきか。実際は、その後のフォルクンガ王朝の紋章が青地に3つの金の冠を描いたものだったことが、この国旗のもとになったのではないかとみられている。

　1569年のヨハン3世による勅令には「金十字旗」についての規定がある。十字型の国旗は北欧5か国に共通のデザインだが、王制か共和制かの政治体制、ＮＡＴＯ（北大西洋条約機構）への加盟・非加盟などの安全保障、ＥＵ（欧州連合）へ加盟・非加盟、ユーロを通貨としているか否かなど、5か国の国情はかなり異なり、これらの全項目について同一の国は1つもない。青は澄んだ空、金はキリスト教・自由・独立を表すともいわれている。デンマークの「ダンネブロ（赤い布＝赤字に大きな白十字の旗）」と呼ばれる国旗の方がやや古く、北欧における有力な対立勢力として覇権を争った時代もあったスウェーデンとしては、それと明確に判別できるデザインとしてこの国旗を採択し、今日まで変わらずに掲揚してきたという面もあるようだ。

　軍旗として国旗の旗竿側から遠い部分（流れ）が燕尾形になったデザインのものを使用する。この点も北欧5か国に共通である。

スウェーデン王国

　　　　　題名は『古き自由な北の国』、言語はスウェーデン語。民謡の素朴はメロディに乗せて、祖国にDu（君）と呼びかけ、自然、平和、自由を愛でる第1節、別名『北の歌』ともいわれ、北欧に生き、果てたいと願うヴァイキングの熱い想いを歌う第2節から構成されている。平和民俗学者で作家のリカルド・ディベックによって、ヴェストマンランド地方の民謡として作詞されたこの歌は、1844年民族音楽の祭典で発表され、翌年『スウェーデン民謡撰集』が発行されたことも伴って次第に人気が高まっていったといわれている。

　第2節の歌詞の末尾に"Norden"（北）という言葉が出てくるが、スコーネ地方での国際的な競技会においては、"Skåne"（スコーネ）と歌詞を変えて歌われる。「汎スカンジナヴィア」主義三国統合へのひそやかな抵抗だという説もある。

　1933年エドウィン・カルステニウスが現在歌われている楽曲に編集した。1938年よりスウェーデンの公共ラジオが、毎夕放送するようになってから、国歌として見なされるようになった。事実上、現在に至るまでスウェーデンでは国歌の法制化はなされていないが、建国記念日には愛唱されている。

　スウェーデンにはもう1つ、『スウェーデンの心の底から』とも呼ばれていた国王歌が存在する。国会やノーベル賞授賞式の開会式などで演奏されている。奇遇にもオスカル1世の即位のお祝いに演奏されたこの国王歌は、『古き自由な北の国』発表と同年の1844年だった。

　ラップランド地方を発祥の地とするニッケルハルパと呼ばれる民族楽器を用いた演奏や舞踏とともに歌われる『アチャパチャノチャ』『春のそよ風』などは必聴である。

Du gamla, du fria

1. Du gamla, du fria, du fjällhöga Nord,
   du tysta, du glädjerika sköna!
   Jag hälsar dig, vänaste land uppå jord,
   din sol, din himmel, dina ängder gröna.

2. Du tronar på minnen från fornstora dar,
   då ärat ditt namn flög över jorden.
   Jag vet, att du är och du blir vad du var.
   Ja, jag vill leva, jag vill dö i Norden!

通常は第1節が歌われる

古き自由な北の国

1. 古の君　自由なる君　峰の連なる北国よ
   心を魅了する　その穏やかさ　美しさ
   我は汝を歓迎する　地上で最愛の祖国よ
   その太陽、青空、緑の草原よ

2. 汝が玉座は古の記憶
   世界にとどろきし汝が名
   我は知る　汝が今も昔も変わらずあり続けると
   我は北欧に生き、北欧に散ることを欲す

スウェーデン王国

スペイン王国
Kingdom of Spain

国旗解説

　8世紀から781年間、イスラム王朝に支配されていた。これに対し、キリスト教徒側は国土回復運動(レコンキスタ)を続け、1492年にようやくキリスト教国として統一。コロンブスの新大陸探検の旅はこれを記念して行われた一大イベントだった。コロンブスは統一された新国家の元首たるフェルナンドと皇后イサベラのイニシャルを付けた十字架を帆に大きく描いた旗で、この年、大西洋を西に向かった。
　長い間、異教徒との戦いをしてきたことが「血（赤）で国土（黄色）を守る」という決意を示す国旗になった。「血と金の旗」と呼ばれ、赤、黄、赤に並んだ横三色の中央・旗竿寄りに国章が配してある旗。民間では一般的に国章のないものを使用する。フランコ先遣時代には、この国章とよく似たデザインで、大きな鷲で掩（おお）っている紋章の付いたものが国旗であったが1981年の王制復古で紋章が現在のものに変更された。紋章の2本の柱は「ヘラクレスの柱」と呼ばれ、この国がヨーロッパとアフリカにまたがる国であることを示す。現在も、対岸のモロッコの中に、セウタ、メリリャという、各約8万人の人口を持つ、スペインの領土があり、近年、ヨーロッパに向かうアフリカからの難民中継地となって、しばしば報道された。
「ヘラクレスの柱」に巻き付いた帯にはラテン語で「PLVS VLTRA（プルス ウルトラ）（より彼方へ）」と記されているが、コロンブスの新大陸発見までは「Non Plus Ultra（ここは世界の果て）」だった。紋章は、城（カスチラ）、ライオン（レオン）、赤と黄色のスジ（アラゴン）、鎖模様（ナバラ）、そしてザクロ（グラナダ）の5つの紋章を合わせたもの。1978年に憲法によって国旗として制定された。憲法には「国旗は上から赤、黄色、赤の水平縞の三色旗である。黄色は赤の2倍の幅とする」とある。1981年の勅令によって赤（Pantone：186）と黄色（Pantone：116）が厳密に規定された。黄色はヨーロッパでは伝統的に染色に使用されているホザキモクセイソウ（キバナモクセイソウ）の黄色（ウェルド・イエロー）である

スペイン王国

国歌解説

　大西洋と地中海に面するイベリア半島に位置するスペインは多民族国家で、アフリカ大陸と距離的に近いという地理的な背景も重なり、古くからさまざまな勢力によって支配され続けてきた複雑な歴史を持つ。そのため、公用語はスペイン語（カスティーリャ語）だが、カタルーニャ語、バレンシア語、ガリシア語、バスク語なども各地域における公用語として認められている。

　題名は『国王行進曲』で、歌詞はなく作曲者も不詳。もともとは『擲弾兵行進曲』と呼ばれていたが、1770年に当時の国王カルロス3世によって『名誉行進曲』に制定されると、その後国民からは"Marcha Real"（国王行進曲）と呼ばれるようになり、広く親しまれるようになっていった。過去には2度歌詞がついたこともあったがどちらも公的なものではない。また、2度にわたる共和制の時代には、"Himno de Riego"（リエゴ賛歌）が国歌に制定されていたこともあった。

　2007年、スペインオリンピック委員会は、国民の要望に応える形で歌詞を募集した。パウリーノ・クベーロの作品が選出されると、国民から反発の声があがった。"Viva España!"（スペイン万歳！）から始まるフレーズは、過去にフランコ独裁政権下で合言葉として使われていたことから、受け入れがたいと感じる人が多かったためである。結局その歌詞は選択されず、現在も器楽曲として演奏されている。

　アンダルシア地方のフラメンコはロマ（ジプシー）による独自の芸能として名高い。伝説的チェリスト、パブロ・カザルスや三大テノールのうち、プラシド・ドミンゴ、ホセ・カレーラスもスペイン出身。美術界でもベラスケス、ゴヤ、ピカソ、ミロなど枚挙にいとまない。『ドン・キホーテ』を書いたセルバンテスも忘れられない。オリンピックも開催されたバルセロナはカタルーニャ州で、その文化の独自性から独立運動が続いている。

スペイン王国　　105

コラム column 特殊な国旗・国歌の扱いをするサウジアラビア

　サウジアラビアの国旗には、聖地メッカを守る決意を示す剣の上に、『クァラーン（コラーン）』の冒頭の聖句「アッラーのほかに神はなくムハンマド（モハメット）はアッラーの預言者（使徒）なり」が描かれている。聖句は信仰告白（シャハーダ）といい、これを真摯に唱えればイスラム教徒とみなされる。アラビア語ゆえ、右から左に読む。

　聖句なので、国旗を製作する場合でも、この部分は、表裏どちらからでも読めるよう、同じものを2枚染めて縫い合わせて作るとされ、2016年のリオデジャネイロ・オリンピックでも、掲揚されているすべてのサウジアラビア国旗をそのように製作していた。

　また、常にこの聖句があるため、弔意を表す半旗にもしないし、垂直掲揚にはしないことになっている（やむを得ない場合は90度文字を回転した特製の旗を掲げる）。

　このように表と裏を別々に作らなければならない国旗は、ほかにブラジル、パラグアイ、イラク国旗の紋章や文字の部分などがある。

　サウジアラビアでは近年、ようやく女性の自動車運転は認められたが、選挙権は地方選挙など限定された形でしか認められていない。また、公衆の面前で女性がサウジアラビア国歌を歌うことはまずない。

（吹浦忠正）

コラム column　簡単にはいかない国名の呼称変更

　日本には「在外公館の名称及び位置並びに在外公館に勤務する外務公務員の給与に関する法律」という何とも長い名称の法律があり、その別表にある呼称を国会で変更しなくては、簡単に大使館名や教科書での国名表記を変えるわけにはいかない。

　この法律で「ジョルダン」を「ヨルダン」に、「サイプラス」を「キプロス」に、「コスタ・リカ」を「コスタリカ」に、「ヴィェトナム」を「ベトナム」に変えたような表記上の変更の例はおくとして、「セイロン」が「スリランカ」に、「象牙海岸」や「アイボリーコースト」と呼んでいたのを「コートジボワール」に、「ダオメ」が「ベナン」に、「ザイール」が「コンゴ民主共和国」に変わった。ローマ法王庁からは 1981 年に、日本政府が使用している「法王庁」を「教皇庁」に改めるよう要請があったが、政府はこれを拒否し、2003 年に一斉に表記を調整した際に、「バチカン」とした。

「英国」"United Kingdom of Great Britain and Northern Ireland (UK)" を「イギリス」と呼ぶ国は日本以外にないし、「アルゼンチン」という呼称もない。現地では「アルヘンティーナ」と呼ぶ。「アメリカ合衆国」を「米国」と呼ぶのも日本だけで、中国、韓国、ベトナムは「美国」と呼ぶ。別にアメリカが米の産国だとか、美しい国だとかいう意味はない。それぞれが、「米」や「美」を表音文字として適当に当てはめただけのことである。

　最近、在日ウクライナ大使館は自国を「ウクライーナ」と呼ぶようにと働きかけているが、日本では大使館や教科書も依然「ウクライナ」としたままである。

（吹浦忠正）

タイ王国
Kingdom of Thailand

国旗解説

　今の王朝が開かれた18世紀の末、それまでの赤旗に王家のしるしが加えられた。ラーマ2世（在位1809～1824）は、赤地に白いチャクラ（法輪）と白象を載せたデザインになった。1855年、ラーマ4世（在位1851～1868）は、王家のシンボルである白象を配した旗を正式な国旗とした。
　1899年、国内で3頭の白象が発見されたことにちなみ、白線で描いた象が加えられた。白い象は建国の伝説につながる吉兆とされる。その後、デザインは一部手直しされたが、1916年、国王ラーマ6世（在位1910～1925）が洪水の被害を視察に行ったとき、象を描いた国旗が逆掲揚されているのを見、逆にならない図柄への改定が勅命によって企図された。その結果、当初は今の国旗の中央の太い帯が赤だったが、ラーマ6世の誕生日である金曜日を示す色である紺色に改定し、今日のデザインの国旗になった。同王は義務教育制の採用、国民に姓を持たせる、道路、橋、空港はじめ主要なインフラの整備、タイ赤十字社の創立、タイ語の単語を増やすなどによる改革、英仏文学の翻訳出版など、タイの近代化に大きく貢献したことで、尊敬されている国王である。
　第一次世界大戦に参戦したタイ（シャム）は、諸外国で三色旗が近代国家の旗印のように使われていることに刺激を受け、翌1917年9月、ラーマ6世がタイの三色旗（トン・トライロンガ）と呼ばれるこの旗を制定し、同王亡き後、1936年11月、さまざまな公式制度が整備された際、このデザインの旗が国旗として正式に承認された。
　赤は国家と国民を、白象に由来する白は仏教を、青はチャクリ王朝を表している。今の駐日タイ王国大使館のHPでは、タイの国旗を極めて簡単にしか説明していないが、プミポン国王（在位1946～2016）の時代には、タイの国旗が示すように、タイ国民の心のよりどころは王室と宗教、すなわち、現国王プミポン・アドゥンヤデート陛下への忠誠心と戒律の厳しい上座仏教への尊崇心なのである」と記載されていた。
　なお、王旗はこの国旗の中央に白い象を描いたものである。

国歌解説

　タイ王国には事実上、2つの国歌が存在する。ともに言語はタイ語。1872年に完成した『国王賛歌』はロシア人のピョートル・シュロフスキー作曲、原詞はラーマ3世の王子ナリサラー・ヌワットティウォング殿下、修正詞は1913年、ラーマ6世ワチラウット＝モンクット王の作品である。『プレーンサンスーンプラバーラミー』というタイトルの国王賛歌は、「御仏の僕である私は我らの王に手を合わせる。国王の徳の高い守護は、我ら国、民に幸せをもたらす。望むものが君の手で叶えられますように、万歳！」と歌われる。現在も、コンサートや映画の上映前、国王や王族が外国の要人を迎える際などには、こちらが演奏される。

　一方、1932年に王制から立憲君主制へ移行した際、革命を歌いあげる歌詞に、ドイツ出身のプラ・チェン・ドゥリヤーンが作曲した新国歌を制定した。かつてシャムと呼ばれていたが、1939年にタイランドとなった際、ルアン・サーラーヌ・プラッパンの歌詞が新たに採択され、現在の国歌となった。国内では朝8時と夕方6時の1日2回、TVやラジオ、公共の施設から国歌が流れ、国民は直立しなければならない。

　タイ族の起源については諸説あるが、中国南部から移動したとする説が有力といわれている。13世紀のスコータイ朝に始まり、アユタヤ朝、トンブリー朝を経て1782年ラーマ1世による現在のチャクリー朝（バンコク王朝）と連なる。19世紀にイギリスと通商条約を結ぶなど近代化を図ったラーマ4世はミュージカルや映画作品『王様と私』のモデルとして有名。

　文化面では、インド起源の仏教美術を基本とし、伝統音楽にはクメール文化の系統であるピーパート合奏（木琴、ゴング・チャイム、ダブルリード）などがある。タイ式ボクシング「ムエタイ」の開会式でもこうした音楽が流れる中、祈りが行われる。アジアで数少ない立憲君主国として、タイ王室と日本の皇室との交流の歴史は長い。

タイ王国　　109

เพลงชาติไทย

ประเทศไทยรวมเลือดเนื้อชาติเชื้อไทย

เป็นประชารัฐ ไผทของไทยทุกส่วน

อยู่ดำรงคงไว้ได้ทั้งมวลด้วยไทยล้วนหมาย รักสามัคคี

ไทยนี้รักสงบ แต่ถึงรบไม่ขลาด

เอกราชจะไม่ให้ใครข่มขี่

สละเลือดทุกหยาดเป็นชาติพลี

เถลิงประเทศชาติไทยทวี มีชัย ชโย

タイ国歌

国民の血と肉によるタイの団結

タイはすべてタイ国民に属す

永きにわたる独立は　国民の団結で守りしもの

平和を愛し　闘いを恐れず

独立を侵す者には決して屈せず

国のためなら己の血を捧げん

タイ万歳　タイに永遠の勝利あれ

大韓民国
Republic of Korea

国旗解説

「太極旗(テグキ)」と呼ばれる韓国の国旗を外交使節として初めて用いたのは、朴泳孝(パクヨンヒョ)（1869～1939）で、壬午政変(じんごせいへん)（1882）の謝罪使として来日する際、明治丸の船内で準備した旗である。今では親日派として糾弾されているが、李朝末期の代表的な政治家であり実業家で、日本時代は貴族でもあった。

四隅のしるしは、3500年ほど前にできたとされる『易経』に由来する。中央の円は万物の根源である太極で、赤は陽、青は陰を表している。左上が乾(ケン)で天・父などを表し、対する右下が坤(コン)で地・母などを、右上は坎(カン)で水・冬・北などを、左下は離(リ)で火・夏・南など、自然の構成を表しているという。4つの卦は、東西南北、春夏秋冬、父母兄弟など、併存と調和を表す。巴は宇宙。全存在の一体性と、陽と陰、すなわち積極と消極、善と悪、男と女、昼と夜、太陽と月、天と地など、ものの二重性を表す。オリンピックでの統一チームは、白地に空色で半島全体をシルエットで浮かせる。ただし、IOCは「統一旗」に描かれる島は「済州島(チェジュド)だけ」とし、紛争地である竹島（韓国では独島(トクド)）や隣接する鬱陵島(ウルルンド)などのない旗で入場行進を行う。しかし、南北双方のサポーターはこれらが入った旗を振って応援している。

朝鮮半島では李王朝が400年に及ぶ王権を継承していたが、江華島(カンファド)事件で日本と武力衝突して1876年に開国を余儀なくされ、1910年から約35年間、日本に併合された。第二次世界大戦での日本の敗北を機に独立を回復（光復(クアンブク)）するも、ソ連が北を、韓国が南半分を事実上統治し、1950年6月25日、「北」による侵攻で朝鮮戦争となり、3年余の厳しい戦争を経て、その後今日まで休戦状態が継続している。

ちなみに、北朝鮮（朝鮮民主主義人民共和国）の国旗は建国以来、青と赤の民族色が主体。赤い星は共産主義を理想としている国是に基づく。デザインしたのは金枓奉(キムドゥボン)（1889～1958?）という学者出身の政治家で、1919年の「三・一万歳事件」に参加後、上海に亡命。「光復」後は北朝鮮に渡り、労働党委員長や金日成(キムイルソン)総合大学初代総長にもなった。1948年9月9日の建国とともに、初代最高人民会議常任委員会委員長（国家元首）となるも、1958年に粛清されたとみられている。

大韓民国

国歌解説

　題名は『愛国歌（エグッカ）』、言語は韓国語。歌詞は全4節あるが、作詞者は不明。朝鮮半島は1910年から1945年まで日本に併合されていたが、その間、日本では『蛍の光』として有名なスコットランド民謡"Auld Lang Syne"のメロディに乗せて歌われていた。これは上海に作られた亡命政権による抗日運動の歌、という性格が強いものだった。李朝末期以来の政治家で、キリスト教の大物といわれた尹致昊（ユンチホ）が詩を書いたのではないかと推測されている。尹は慶應義塾大学や米国にも留学した教育者であり、韓国の英語通訳第一号だったが、戦後、親日派として糾弾される中、自ら命を絶ったとされる（病死説もある）。

　第1節の冒頭「東海（トンヘ）」とは日本海のこと。朝鮮半島の最高峰「白頭山（ペクトゥサン）」は信仰の対象であり、朝鮮民族の心の象徴である。「東海（日本海）の水が乾き、白頭山が朽ち果てても」という歌詞は、永遠に続くことのたとえである。

　無窮花（ムグンファ）は国花で、散ってはまた咲くといわれる強い花。三千里は全土を指す。「韓国人と韓国を永遠に守ろう！　永久に！」と歌われる。

　作曲者の安益泰（アンイクテ）は、平壌（ピョンヤン）の崇実（スンシル）中学校から東京の正則中学校（現・正則高等学校）に入学、その後東京高等音楽院（現・国立（くにたち）音楽大学）にてチェロを専攻した。1930年に渡米、チェロと作曲を学び、1936年にはウィーンへ留学し、大作曲家リヒャルト・シュトラウスに師事した。『愛国歌』はこの頃に作曲されたといわれている。李承晩（イスンマン）大統領により、韓国国歌として制定されたのは、韓国の光復（独立回復）後の1948年である。楽曲は西洋のスタイルで書かれた、覚えやすく、わかりやすいメロディである。しかし、アジアの1国である韓国のアイデンティティと結びつくかどうか、という議論が国内の一部にあるとも聞く。

애국가

1 동해물과 백두산이 마르고 닳도록
   하느님이 보우하사 우리 나라 만세

   ※ 무궁화 삼천리 화려강산
      대한사람 대한으로 길이 보전하세

2 남산 위에 저 소나무 철갑을 두른 듯
   바람 서리 불변함은 우리 기상일세

   〈※繰り返し〉

3 가을 하늘 공활한데 높고 구름 없이
   밝은 달은 우리 가슴 일편단심일세

   〈※繰り返し〉

4 이 기상과 이 맘으로 충성을 다하여
   괴로우나 즐거우나 나라 사랑하세

   〈※繰り返し〉

愛国歌

1 東海の水が乾き、白頭山が朽ち果てても
　神がお護りくださる我が国万歳

　　※ 無窮花、三千里、華麗な山河
　　　大韓人は大韓を永遠に保全しよう

2 南山の松が鉄の兜をまとったように
　風にも霜にも不変なのは我らの気性

　　〈※繰り返し〉

3 秋の広い空が雲ひとつなく澄み渡り
　輝く月は我らの精神、誠実な心

　　〈※繰り返し〉

4 この気性とこの心で忠誠を尽くそう
　苦しくても楽しくても、国を愛そう

　　〈※繰り返し〉

（訳：駐日韓国文化院）

大韓民国　115

ハングルのアルファベット表記で掲載

歌唱ポイント

　国を愛する歌＝エグッカ（愛国歌）の特筆すべき点は、2014 年 8 月に、音程を 2 つ下げたト長調に変わったことです。理由は、学校教育の現場で思春期を迎え、声変わりをする子どもたちへの配慮だそうです。歌詞は 4 節まであり、4 節の歌詞にある「この気性とこの心で」がたいへん興味深く、祖国愛や忠誠心、強い民族意識に敬意を払いながら歌いたいものです。

　当初、愛国心に溢れた歌詞はスコットランド民謡『オールド・ラング・サイン』（蛍の光）のメロディに乗せて歌われていました。このときは Auftakt（アウフタクト＝弱起）の曲で、1 拍めが「東海（トンヘー）」の「トン」ではなく、「ヘー」にありました。『蛍の光』でも「ほたーるのひかーり」は、「たー」が 1 拍めですね。拍感の違いがあります。

　1 拍めが「トン」の音にくるのが、現在の国歌です。両方の歌が歌える方は、混乱されるという笑い話があります。1 節冒頭の東海（日本海）の発音が、Donghae のアルファベット表記と Tonghai がありますが、韓国語の D と T や B と P、G と K は曖昧で、どちらの発音でもよいとされています。濁音と清音の区別がはっきりしていないので、私（新藤）は発音が固くならないように、清音で歌っています、テンポは堂々と歩く速さで、f（フォルテ＝強く）でしっかり歌い出し、2 段めの「神がお護りくださる我が国万歳」と 4 段めの「大韓人は大韓を永遠に保全しよう」が同じメロディであること、その強い表現を効果的に歌いましょう。「万歳」は喜びをもって、「大韓人」も最も大切な言葉ですから、美しい声を響かせて歌ってください。3 段めの「無窮花、三千里、華麗な山河」を p（ピアノ＝弱く）、丁寧に歌うことが最大のポイントです。曲調をドラマティックに仕上げるためには、強弱の幅を作ることが大切です。

　韓国では国歌の 1 番を暗譜で歌えることが、市民権を得る必要条件だとのことです。アジアの国々では珍しい西洋音楽で作曲された国歌、みなさんも楽譜を見ずに歌うこと＝暗譜に挑戦してみませんか？

中華人民共和国
People's Republic of China

国旗解説

　1949年7月、公募で経済学者・曾 聯松(ヅェンレンソン)の作品を採択。同年10月1日、天安門広場前での建国式典で掲揚。「五星紅旗(ウーシンホンキ)」と呼ばれる。赤は共産主義革命を、大きな星は中国共産党と人民の団結を、4つの小星は労働者・農民・知識階級・愛国的資本家を表し、一端が大きな星の方に向かっているのは、中国共産党の指導に合わせて団結して進むとの含意を込めたもの。

　5つの星については、中国の漢、満、蒙、蔵、回の主要5民族を表すという説もあるが、少なくとも公的な資料にはそうした規定や記述はない。「五族共和」は孫文(孫逸仙)も唱えたし、「満州建国」にあたって、日本は「五族協和」を掲げ、日、満、朝、蒙、支(漢)の友好と協調を唱えたとはいえ、中国は公的には56民族からなる国であると説明していることからも、現在の「五星紅旗」の星に民族性を読むことは理にかなわない、後付けの理屈かと思料する。

　中華民国(台湾)は2019年3月1日現在、わずか17か国のみと正式な外交関係を有する状況となったが、わが国にとっては、安全保障、貿易、防疫の関係から見てもきわめて重要な「南の隣国」。IOCとの多年にわたる交渉の結果、台湾は、チーム名を「Chinese Taipei」として、「建国の父」とされる孫文が決めた国旗「青天白日満地紅旗」ではなく、スポーツ大会用の独自の旗「梅花旗」でのみ参加を認められている。国歌は孫逸仙作詞となっているが、実際は、孫の主張である「三民(民族、民権、民生)主義」を主唱する歌詞を複数の仲間が詩の形にしたものと見られている。

　ところで、2016年のリオデジャナイロ・オリンピックでは「五星紅旗」の4つの小星がいずれも上に向かい、党にそっぽを向いた形となり、中国のリオデジャネイロ総領事が組織委に厳重抗議したが、IOC(国際オリンピック委員会)の原図が間違えていたことによるためだった。ちなみに、その旗は中国製だったとか。笑えぬ笑い話、「他山の石」としたい。

中華人民共和国

国歌解説

　題名は『義勇軍行進（進行）曲』、言語は中国語。日中戦争最中の 1935 年、満州事変を取り上げた抗日宣伝映画として制作された『風雲児女』（嵐の中の若者たち）のテーマソングとして作られると、中国全土に広まっていった。作詞は田漢（ティエンハン）、作曲は聶耳（ニエアール）。詩人の田漢は共産党員であり、当時国民党当局に逮捕され、獄中生活を送る中、ひそかにこの映画のために作詞した。音楽家の聶耳も同じく共産党員だったため、国民党政府の追及を逃れようと、ソ連への留学を企図し、まずは神奈川県藤沢市の実兄の元に身を寄せていた。田漢の詩を手にした聶耳は急ぎ作曲し、1935 年 5 月に完成した楽譜を本国に送付したが、本人は同年 7 月鵠沼（くげぬま）海岸にて遊泳中溺死した。

　戦意を鼓舞するような勇ましいマーチは、完成直後から人気が高く、1949 年人民政治協商会議では『中華人民共和国代国歌』と称され、暫定的ではあるが国歌として決定された。その後、文化大革命の時代には田漢が迫害され、獄死したこともあり、毛沢東をたたえる歌『東方紅（ドンファンホン）』が事実上の国歌として公式の場でも演奏された。しかし 1978 年、文化大革命終結時の第五期全国人民代表大会（全人代）で再び『義勇軍進行曲』が国歌として復活。そのときは毛沢東主席をたたえる歌詞で歌われたが、その後、田漢の名誉回復がなされると、1982 年の全人代で田漢の歌詞が採択され、正式に国歌として制定された。ロシアのように、同じメロディに違った歌詞がつけられる国歌はあるが、歌詞とともに最初の歌に戻る例は少ない。

　中国語では「行進曲」を「進行曲」と表記する。日本語と中国語では文字順が逆転する単語がいくつかある。「紹介」「短縮」「言語」「段階」「暗黒」など。ベートーベンの第五番交響曲は中国では『命運』と呼ばれる。

义勇军进行曲

起来！　不愿做奴隶的人们！
把我们的血肉，筑成我们新的长城！
中华民族到了最危险的时候，
每个人被迫着发出最后的吼声。
起来！　起来！　起来！
我们万众一心、
冒着敌人的炮火，前进！
冒着敌人的炮火，前进！
前进！　前进！　进！

義勇軍行進曲

起て！　奴隷となることを望まぬ者よ！
我らが血と肉で築こう　新しき長城を！
中華民族　最大の危機
一人一人が最後の鬨の声をあげよう
起て！　起て！　起て！
我らすべてが心を一つにして
敵の砲火をついて前進！
敵の砲火をついて前進！
前進！　前進！　進め！

中華人民共和国

歌唱ポイント

　Tempo di marcia と「マーチのテンポ」で、と速度が記されています。華やかな金管楽器の前奏に続き「起て！」と歌い出しますが、「前進！」の歩み、その向かう先は日本。抗日闘争を謳うのものでした。

　中国語の発音はとても難しいです。表記は「ピンイン」と呼ばれるアルファベットが使われますが、405 の発音と四声調で構成され、五十音を使う日本語と比較すると、その数の多さに驚きます。私（新藤）が一番難儀したのは「人＝レン」の発音でした。舌先を口の中で浮かせるように言うと、先生からほめられたように思い出します。

　少し補足しましょう。「中華民族」（ジョンホアーミンズー）をしっかり歌うことが大切です。「最」（ズゥェ）の発音は強く、「シ＝時」は前出の「レン＝人」と同じ発音の仲間です。「起て」（チライ）のチは強く発音します。「砲火」（パォホァ）のパも、くちびるに空気をためて、p（ピアノ＝弱く）を弾くように吹いて発音しましょう。「前進」（チェンジン）のチェンは 3 つの音が横に並ぶように歌いましょう。

　マーチの音楽は、基本的にテンポの変化はないので、美しいメロディを声高らかに力強く歌うことが大切です。中国には「中華人民共和国国歌法」が存在し、愛国教育と同時に国歌侮辱にあたる替え歌行為やＢＧＭ的扱い、商業目的の広告としての使用等には罰則があります。国旗や国歌きっかけとなり、「国家」を深く読み解いていくこともまた楽しいものです。

中華人民共和国　123

デンマーク王国
Kingdom of Denmark

国旗解説

「ダンネブロ（Dannebrog）」旗と呼ばれ、制定以来、一度も改変・破棄されたことのない、世界で最も古くから現在に至る国旗の1つ。ほかに、オーストリア、トルコの国旗が古くから使用されている国旗である。

オランダとドイツの国境付近の沖にあるフリージア諸島で用いられるフリージア語のdan（赤）とbroge（色つき布）が合成されたもので、「デンマークの力」という意味もある。

1219年6月15日、デンマーク軍はワルデマール2世（勝利王）に率いられ、まだキリスト教が普及していなかったエストニアとの激しい戦さに臨んでいた。そのとき、突然、天から舞いおりてきた赤地に白十字の旗に勇気づけられ、勝利を得たという伝説がある。

しかし、政府の出版物によると、この旗は「エストニアとの戦いの際に、ローマ法王が十字軍に授けた旗を指しているものと思われる」とのこと。スカンジナビア5か国の国旗はすべて、これと同じ十字形（ノルディック・クロス）の国旗であるが、1397年に制定されたデンマークの国旗が断然古い歴史を持つ。

古いだけがデンマーク国旗の特徴ではない。昨今は、サッカーをはじめ、各種のスポーツ大会で、サポーターが国旗をフェイスペインティングする。その始まりが、デンマークの国旗だとされる。描きやすいデザインということもあろうが、デンマークの人たちが自国の国旗に特別の親しみを持っているということが基本なのだろう。事実、コペンハーゲンの街に行くと、商店街でさまざまな「ダンネブロ」を見ることができる。国民に愛され、その生活に国旗が完全に溶け込んでいる「ダンネブロ」である。

デンマーク王国

国歌解説

タイと同じようにデンマークにも２つの国歌が存在する。ともに言語はデンマーク語。王室をたたえる歌『クリスチャン王は高き帆柱の傍に立ちて』と一般市民用の国歌『麗しき国』で、公式な国歌として並べて歌われることもある。欧州最古といわれる王室とともに歴史を作ってきたデンマーク国民に愛唱されている。

王室賛歌は、「悲劇の国王」であり人気の高い王様クリスチャン４世をモデルに1780年に『漁夫』というバレエの挿入歌として生まれた。作詞はヨハネス・エヴァルトで３節まである。ヨハン・エアンスト・ハートマンがデンマーク民謡のメロディを散りばめて作曲、現在は、フリードリッヒ・クーラウによってオペラ風のアレンジがなされている。

別名『愛する国がここにある』ともいわれる一般市民用の国歌『麗しき国』はオリンピックや国際スポーツの祭典で演奏される。作詞はデンマークが誇る「北欧詩人王」アーダム・エーレンシュレーヤー。デンマークの雄大な自然と女神フレイアが歌われる。作曲はハンス・エルンスト・クロイヤー、1844年の初演から大人気だった。

デンマークの音楽家といえばカール・ニールセンが最も有名なであり、北欧を代表する作曲家の１人である。ほのぼのとした牧歌的が特徴的で、交響曲第５番は完成度の高い作品である。また、『みにくいアヒルの子』を描いた世界的童話作家のハンス・クリスチャン・アンデルセンもデンマーク出身である。

デンマーク王国　　125

Der er et yndigt land

1. Der er et yndigt land,
   det står med brede bøge
   nær salten østerstrand.
   nær salten østerstrand.
   Det bugter sig i bakke, dal,
   det hedder gamle Danmark,
   og det er Frejas sal.
   og det er Frejas sal.

2. Der sad i fordums tid
   de harniskklædte kæmper,
   udhvilede fra strid.
   udhvilede fra strid.
   Så drog de frem til fjenders mén,
   nu hvile deres bene
   bag højens bautasten.
   bag højens bautasten.

全4節中、第1節と第2節を掲載

麗しき国

1. 麗しき国がある

   ブナの木が誇らしげに枝をひろげる

   磯の香満つるバルト海の岸辺に

   磯の香満つるバルト海の岸辺に

   丘や谷に風が吹き降り

   祖先らがいにしえのデンマークと名付けた

   女神フレイアの住まうこの場所に

   女神フレイアの住まうこの場所に

2. 鎧を纏った英雄たちは

   戦いの最中　束の間　ここで身を休めつつ

   また行軍する

   また行軍する

   そして今　永遠の眠りについている

   小さな丘に建つ　石柱の下で

   小さな丘に建つ　石柱の下で

デンマーク王国　127

ドイツ連邦共和国
Federal Republic of Germany

国旗解説

　プロイセンを中心とする北ドイツ連邦軍は普仏戦争で勝利を重ね、パリを占拠した。1871年1月、郊外のヴェルサイユ宮殿で、プロイセンのウィルヘルム国王を戴く、ドイツ帝国皇帝戴冠式が行われ、「第二帝国」となった。このときに採択されたのが、黒、白、赤の横三色旗。しかし、第一次世界大戦で敗れて、連邦共和国（ワイマール共和国）となり、黒、赤、金（黄色で代行）の国旗になった。1933年、総統ヒトラーは国旗を「鉤十字旗」に変え、1936年のベルリン・オリンピックなどではこの旗を林立させ、国威発揚を図ったが、1939年からの第二次世界大戦に敗れ、ドイツは「東」（ドイツ民主共和国）と「西」（ドイツ連邦共和国）に分割占領され、国旗は、ワイマール共和国時代の黒、赤、金の旗に戻った。

　しかし、1959年、「東」はその旗の中央に、農民を表す麦の穂、労働者を表すハンマー、そして知識階級を表す分割器（ディバイダー）から成る紋章を付けた。この間、1956年のコルチナ・ダンペッツオ（イタリア）での冬季オリンピックから1964年の東京オリンピックまでの各大会では「東」「西」合同チームで臨み、国歌は、「第九」（ベートーヴェン）の「歓喜の歌」を用いた。

　1961年に築かれた「ベルリンの壁」の崩壊を経て、1990年10月3日、東西ドイツは西による東の吸収という形で、再統一し、現在の黒、赤、金（黄色で代行）の横三色旗に戻った。このデザインは1813年、ナポレオンと戦ったリュッツォウ義勇軍に志願兵として参戦したイェーナ大学の学生ら義勇兵の「黒服・赤い肩章・金ボタン」に由来する。また、神聖ローマ帝国の「金地に赤いくちばしと爪を持った黒い鷲」の旗に由来するとの説もある。3色が「名誉・自由・祖国」を表すとも、「勤勉・情熱・名誉」を表すとの説もある。1848年のフランス「二月革命」の影響を受けて立ち上がった、同年のドイツ「三月革命」でドイツ統一を求める自由主義者らが黒赤金の旗をシンボルとした絵も残っている。

　ドイツには憲法という名の法律はないが、各国の憲法にあたる基本法第22条第2項で、「国旗は黒、赤、金の三色旗である」と規定している。

ドイツ連邦共和国

国歌解説

題名は『ドイツの歌』、言語はドイツ語。全3節中、第3節のみが歌われる。作詞は『ぶんぶんぶん 蜂がとぶ』（原曲はボヘミア民謡）にドイツ語詞をつけたアウグスト・ハインリッヒ・ホフマン・フォン・ファラースレーベン。子ども向けの歌を500曲以上作詞している詩人だが、文学者でもある。3節からなる『ドイツの歌』は当時夢見ていたドイツ民族の統一や団結を願う想いを込めて、1841年に書かれた。

作曲は大作曲家フランツ・ヨゼフ・ハイドンである。1797年オーストリア皇帝フランツ2世の誕生日に『皇帝賛歌』として初演されたメロディは、ハイドン自身も傑作と公言しているほどで、後に弦楽四重奏曲作品76の3第2楽章の変奏曲の主題となっており、『皇帝』の名称で今日も親しまれている。

プロイセン王国の時代に、英国歌 "God Save the Queen(King)" のメロディで歌われた国歌が借り物的であり、南ドイツなどの地方で不人気だったことから、第一次世界大戦後、ワイマール共和国時代の1922年に第3節を歌う国歌が採用された。

ドイツ連邦共和国（西ドイツ）成立後の1952年、第3節のみが公式の国歌として制定され、東西ドイツ統一後の現在も第3節のみが歌われている。

ゲーテ、ハイネ、グリム兄弟、トーマス・マン、ヘッセなどの文学者、ショーペンハウアー、マルクス、エンゲルスなどの哲学者、アインシュタインに代表されるノーベル賞受賞者を輩出した国。バッハ、ベートーヴェン、ブラームスの三大Bを筆頭に、シューマン、メンデルスゾーン、ワーグナー、リヒャルト・シュトラウスなどの作曲家も生んでいる。

美術でも、デューラー、ホルバイン、クラナッハをはじめ、合理主義のバウハウス運動でも知られる。オリンピックの強豪国でもあり、特にサッカーはW杯で4度の優勝と4度の準優勝を誇る。

Das Deutschlandlied

Einigkeit und Recht und Freiheit
Für das deutsche Vaterland!
Danach lasst uns alle streben
Brüderlich mit Herz und Hand!
Einigkeit und Recht und Freiheit
Sind des Glückes Unterpfand
Blüh' im Glanze dieses Glückes,
Blühe, deutsches Vaterland!

ドイツの歌

統一と正義と自由を
祖国ドイツに！
友よ、求めて進まん
心合わせて手を結び！
統一と正義と自由は
幸せの証^{あかし}
この幸せの輝きの中
栄えあれ、祖国ドイツ！

（訳：駐日ドイツ大使館）

ドイツ連邦共和国

歌唱ポイント

　ハイドンの名曲。弦楽四重奏『皇帝』の第 2 楽章をぜひ聴いてください。音楽のイメージがつかめると思います。Einigkeit ＝アイニッヒカイトゥ＝統一と Recht ＝レヒトゥ＝正義と Freiheit ＝フライハイトゥ＝自由。この 3 つの言葉が冒頭に歌われます。1989 年にベルリンの壁が崩壊し、まさにこの精神が東西ドイツの統合の礎となったのではないでしょうか。

　ドイツ語は深い位置で発音する言語です。深い位置というのは、O ＝オに意識を持って発音することが重要です。日本語の U ＝ウは I ＝イに近づくため、とても浅く発音されますが、ドイツ語の U= ウは日本語のO ＝オよりももっと深い位置で発音されるため、und ＝オントゥと発音することをおすすめします。その言語ならでは、と発音の 1 つに、ドイツ語は「ウムラウト」があります。ドイツ国歌には u に ¨ がつく、ü ＝ウーのウムラウトがありますが、これは u ＝ウの口をして I ＝イを言う発音です。暗めの I ＝イと考えください。yu ＝ユにはならないほうがいいでしょう。Für ＝フィール、Brüderlich ＝ブリーデルリッヒ、Glückes＝ゴリッケス、Blühe ＝ブリーェと表記するとイメージを持っていただけると思います。ドイツ語の R も基本的に巻き舌ですが、イタリア語よりも深い位置で巻きます。現在の話し言葉では、ほとんど R は巻かれず、Für ＝フィァ、Brüderlich ＝ブリーダリッヒとなりますが、私は国歌として制定された当時の発音で歌うことがいいと考えます。言葉は生き物なので、時代とともに変化していくものです。音楽は荘厳であり、朗々とした長いフレーズで構築されています。

　Blühim Glanze 〜 Vaterland! までは繰り返して 2 回歌います。「この幸せの輝きの中　栄えあれ、祖国ドイツ」と喜びを持って歌いましょう。子音をすみずみまで美しく、的確に発音することも、ドイツ語の達人となる大きなポイントです。

トンガ王国
Kingdom of Tonga

国旗解説

　2019年に日本で開催するラグビーW杯には7大会連続8度目の出場を果たすトンガ。大柄な体格の人が多く、昔、日本の大相撲に数人の青年が入門したことで、多くの日本人に親しみを感じさせる国になったことがある。残念ながら、国王の意向ということで数年もしないうちに帰国させられたが、今の大相撲の「多国籍化」の先鞭をつけたようなエピソードだ。

　トンガは南太平洋上で、ニュージーランドの北東に位置し、172の島々から成るが、居住者がいる有人島は45。日付変更線がこの付近で東に大きく移動しているのは、旧宗主国イギリスが、トンガも含めて周辺の南太平洋の島々を支配していたためで、西経175度付近にありながら世界で最初に1日を迎える国の1つとなっている。

　1616年、オランダ人の来島によってヨーロッパに知られるようになり、海洋探検家ジェームズ・クックの来訪により、イギリスの領土となった。全土を統一したのは1845年、タウファアハウによる。この戦士がプロテスタントの洗礼を受け、ジョージ・トゥポウ1世として、イギリス人牧師の助言を得ながらも、トンガの国家機構を整備していった。

　現在の国旗は、1862年にそのトゥポウ1世の指示を受けた皇太子と牧師によって、「赤十字満地白旗」として採択された。しかし、翌年2月、ジュネーブでアンリ・デュナン（第1回ノーベル平和賞受賞者）やギュスタヴ・モアニエ（赤十字国際委員会のトップを務めた）によって、国際赤十字が発足するや、これらの創設者がスイス人であり、スイス政府がこの組織の発足に大きく貢献したことなどから、赤地に白十字のスイス国旗の色を逆転して赤十字という組織名と、標識を決定した。この標識が世界的にあまりに有名になり、トンガは国旗のデザインを変更して、十字を旗竿側上部に置いた赤い地色の大きなデザインに変更した。

　すでに1920年代には、この地方の旗として用いられていたが、国旗として認められるようになったのは独立した1970年のこと。キリスト教の盛んな国で、赤い十字架は信仰を、白は純潔を、赤地はキリストの聖なる血を表している。

トンガ王国

国歌解説

　ポリネシア唯一の王国。「トンガ」はトンガ語で「南」という意味である。170ほどの島々には古代遺跡もあり、ポリネシア文化の中心地の1つ。18世紀クック来航以降、イギリスの影響が強まった。1845年キリスト教徒となったトゥポウ1世により、それまでの伝統的な王権が倒され、新たに統一された。1900年以降イギリス保護領となったが、1970年に独立を果たした。国民の多くはキリスト教徒。

　題名は『トンガ諸島の王の歌』、言語はトンガ語と英語。1875年制定された。当時の皇太子ウェリンガトニ・ング・トゥポウマロヒが作詞し、ドイツ人のカール・グスタヴス・シュミットが作曲を手がけた。

　トンガ語で"fasi fakafouna"は「愛唱歌」という意味で、正式なタイトルより親しみを込めてこのように呼ばれることが多く、「我らの地と我らの王を護り給え」という内容である。聖歌が歌われる機会も多く、国歌のメロディも讃美歌風の美しい曲である。

　スポーツにおいては、ラグビーが盛んである。ナウル共和国やクック諸島などとともに世界的に肥満率が高いことで知られ、その体格とキリスト教徒であることを生かしたアカペラ・コーラスのレベルは高い。また、トンガは「そろばん王国」としても有名で、小学校では必修とされ、全国競技大会も開かれている。それは日本の普及協力によるものである。日本とトンガは2020年に外交関係50周年を迎える。

Ko e fasi 'o e tu'i 'o e 'Otu Tonga

（トンガ語）

'E 'otua māfimafi
ko homau 'eiki koe
ko koe ko e falala'anga
mo e 'ofa ki Tonga.

'Afio hifo 'emau lotu
'aia 'oku mau faí ni
mo ke tali homau loto
'o malu'i 'a Tupou.

（英語）

Oh almighty God above
Thou art our lord and sure defense
As your people, we trust thee
And our Tonga thou dost love
Hear our prayer for thou unseen
We know that thou hath blessed our land
Grant our earnest supplication
God save Tupou, our king.

トンガ諸島の王の歌

天にまします全能の神よ
我らの主、確固たる守護者よ
神の民として、すべてを捧げる
我らがトンガを愛する神よ

ひと知れぬ主に祈る、我らが声を聞き給え
主はこの国に祝福を与えり
我らの熱烈な祈願を聞き入れ給え
そして　我らのトゥポウ王を護り給え

英語版から翻訳

トンガ王国　*137*

日本国
Japan

国旗解説

　日本の国旗は1999年の国旗国歌法により「日章旗」とされているが、通称の「日の丸」で親しまれている。1603〜1604年にかけて編纂された『日葡辞書』には「finomaru」の語があるので、言葉としては遅くとも16世紀には「日の丸」の呼称があったと思われる。当時は「f」と「h」の使い分けが明確ではなかったようで、地図でも博多を「fakata」と記述している。

　797年（平安初期）の歴史書『続日本紀』に、大宝元年（701年）の元旦、文武天皇が新年に外国からの使節を招いて行う朝賀の儀式で、「日像の幡」を立てたとあるのが最古とされている。新井白石（1657〜1725）はこれをもって「日の丸」の起源としたが、これは大陸の有職故事に従ったまでのことで、これでは「日の丸」の起源は大陸にありということになる。実際、その「日像」には三本足の「八咫烏」が描かれており、1931年以来の日本サッカー協会の標章として知られているが、「八咫烏」もまた、「太陽に棲む鳥」と大陸の神話にある。

　しかし、武家社会にあっては、初期には源為朝、常陸の佐竹家などが、表裏に日月を描いた扇などを用い、「我こそは天下の武将なり」との力を示さんとした上杉謙信、武田信玄をはじめとする諸将は軍扇に用い、「日の丸」の幟を立てて、姉川、賤ヶ岳、長篠長久手、関ヶ原などの合戦場に臨んだ絵図が残っている。徳川時代にあっては、幕府の御用米運搬中の標識として「日の丸」を1〜5個並べた幟が用いられた。1853年に米国のペリー提督が31星の「星条旗」を掲げて来航した際、日本側には国旗がなかった。1854年になって、幕閣は新田家所縁の「大中黒」（白黒白の横三分割旗）を採択したが、薩摩の島津斉彬、水戸の徳川斉昭の進言で「日の丸」が1854年8月2日（新暦）、「惣船印」として採択された。明治政府は1870年2月27日、太政官布告第57号をもって「縦横比7：10、円の直径は縦の5分の3、円の中心は旗面の中心から横の100分の1旗竿側に寄る」という「日の丸」を採択した。

　1999年8月13日の「国旗国歌法」では「2：3、5分の3、円の中心は旗面の中心に一致」のデザインを法制化した。

日本国

国歌解説

　1870年の初代『君が代』の存在は、これまで学校教育の現場では語られてこなかった。開国により外交儀礼上必要に迫られ、1868年から10年間日本に滞在した英軍楽隊長ジョン・ウィリアム・フェントンが、日本の国歌を作曲した。歌詞は平安時代の『古今和歌集』読み人知らずの和歌に由来し、国歌としては世界最古の歌詞である。薩摩琵琶の古曲『蓬莱山』を採譜したフェントンは、1音節を2分音符にし、16小節の初代『君が代』を完成させ、1870年明治天皇が東京・越中島に薩長土肥の兵を観閲された折、薩摩藩軍楽隊によって御前演奏された。

　当時フェントンがもたらした西洋音楽は、日本人の耳には違和感を残し、1876年海軍音楽長中村祐庸が「天皇陛下ヲ祝スル楽譜改訂之儀上申」を提出した。中村祐庸は、フェントンより西洋音楽を学び、西洋軍楽を演奏する海軍軍楽隊の結成に尽力、ここに日本の吹奏楽の誕生を見る。西洋音楽の理論と雅楽が向き合った過渡期であった。師匠であるフェントンが完成させた『君が代』に対し、その和声感に馴染めなかったためか「奇異に聴こえる」と異議を唱えた。そのような経緯から、1880年、同じくフェントンの弟子、宮内省伶人奥好義が現在のメロディを作曲、伶人長林廣守の撰として、我々の知る2代目『君が代』が完成する。奥は師であるフェントンへの敬意から、音域も原曲と同じドから1オクターブ高いレまでに収め、音符は2分音符から4分音符に書きかえたものの、同じリズムで書かれている。美しい編曲はドイツ人のフランツ・エッケルトが手掛けた。メロディは日本古来の雅楽の伝統の流れをくむ、民族色の濃い国歌である。行進曲のような気持ちを鼓舞する力強さはないが、精神統一や心穏やかに集中できる美しいメロディ。宝石のような和歌の響き、悠久の流れを歌う『君が代』は約1分、世界からみて短い国歌である。

　1999年に国旗国歌法が制定されるにあたり、参考人として国会に招致されたのは、国歌では『夏の思い出』『雪の降るまちを』などの作曲家・中田喜直、国旗では本書共著者の吹浦忠正などであった。

日本国　139

君が代

君が代は
千代に八千代に
さざれ石の
巌となりて
苔のむすまで

バジル・ホール・チェンバレン（1850 年～ 1835 年）は明治期の 1873 年から 38 年間、日本滞在したイギリスの日本研究家。この人は日本のさまざまな古典に通じ、多くのすぐれた翻訳を遺している人だが、『君が代』の英訳もその 1 つ。

A thousand years of happy life be thine!
Live on, my Lord, till what are pebbles now,
By age united, to great rocks shall grow,
Whose venerable sides the moss doth line.

thine: 二人称単数の古語　pebble: 小石　venerable: 神聖な　moss: 苔　doth:do の単数古語

また、国歌について著した多くの先人たちは、以下の訳を紹介しているが、出典は明らかにされていない。ただ、この歌詞は、さまざまの訳詞の中で、曲に合わせて歌うことができるという特徴がある。

May your reign continue
For a thousand, thousands of years,
Enough for pebbles grow into boulders
Grow moss, lushly, moss lushly

boulder: 大きな球状の岩　lushly: 青々と繁る

全体が11小節から成っているので、♩=60で演奏した場合、1拍が1秒となり、演奏時間は44秒となる。帝国海軍では軍艦旗を掲揚降納する際、45秒で吹奏していた。また、♩=50で演奏すると52秒かかる。NHKのテレビ・ラジオ放送終了時に演奏されて来たのはこのテンポである。2016年リオデジャネイロ・オリンピックでは、表彰式での『君が代』は70秒であり、「歌うのに息が続かない」と批判が出た。「東京2020」ではIOC（国際オリンピック委員会）とも相談の結果、すべての国歌を最長90秒に編曲することになった。30数秒のヨルダン、約60秒での演奏が多い「君が代」などはそのままとし、中南米など数分も要する国歌についてはその一部のみを90秒以内で演奏する。

参考：ジョン・ウィリアム・フェントン作曲の『君が代』

歌唱ポイント

　国歌を分類するといくつかのパターンがみえます。日本の国歌『君が代』は非常に民族色の濃い国歌といえます。私（新藤）はこれまで駐日各国大使館主催の建国記念日や独立記念日のレセプションのオープニングで、両国または日本国の国歌を歌ってきました。相手国の方が『君が代』を、私が相手国の国歌を歌うこともありました。『君が代』の歌唱にはいくつかの決まり事があります。まず「レ」の音から歌い始める、となっています。演奏スタイルも本来は重視され、歌手によってアレンジを加えることは例外です。一番のポイントは、「さざれ石の〜」という言葉を分断しないように、一息で歌えるよう、「千代に八千代に」の後、十分に息を吸ってから、「さざれ石の〜」と伸びやかに歌うことです。

　世界からみると音列も発音も困難な国歌だそうです。日本語の歌唱は1音に1音節、発音も日本語として明確に聞かせるには、喉で1音節ずつはっきり分けて歌うことが求められます。5つの母音を同じ響きに置く外国語と、はっきりアイウエオと発音する日本語、日本古謡の音調、雅楽の流れを組むメロディは、外国の方にとっては、歌唱するのにハードルの高い国歌といわれます。現代社会では西洋音楽が一般的となり、さまざまなジャンルの音楽を楽しむことができます。激しいリズムの大音量の音楽は血湧き肉踊りますが、静かな旋律に精神を集中し、日本国の象徴である天皇陛下の御代が平和に幾久しく続きますように、と願いを込めて歌唱すると、むしろ外国の方々から、美しいメロディと穏やかな歌詞に感動したと賞賛される体験を私は数多くしてきました。解説で、初代の『君が代』の成り立ちを書きました。歴史から学ぶことは多いです。国旗や国歌を大切に想う心を、世界の国歌を歌う活動の中で、むしろ世界中の方々から教わり、自らも再認識しました。祖国愛を持ち、自国に誇りを持つことは当然のこと、国旗を注視し、自ら起立して堂々と国歌を歌うことは素敵なことです。

　音楽家の私はウヨクでもサヨクでもなく、ナカヨクがモットーです。

コラム column 「にほん」と「にっぽん」がある日本

　日本は1912年にストックホルムでの第5回オリンピックに初参加したとき、金栗四三選手が「JAPANというプラカードは嫌だ。NIPPONとすべきだ」と言い張って、これを貫いた。日本の呼称は、NIHONとNIPPONと両方があり、1964年の東京オリンピックでは、選手は胸にNIPPONと書いたユニフォームを着た。「これならPとPの間に合わせ（ボタンホール）が来ても困らないから」と、組織委は「うまい理由」をつけたが、当時は、日本〈にほん〉共産党もあれば、日本〈にっぽん〉社会党もあった、東京には日本橋〈にほんばし〉、大阪には日本橋〈にっぽんばし〉、日本〈にほん〉大学に日本〈にっぽん〉放送協会もある国。新日鐵住金は以前の商号日本製鐵に復する際、社名を日本製鉄とし（2019年4月1日）、その機会に日本を「にほん」から「にっぽん」にした。
　政府は両方の呼称があると、公式に答えている。

大阪の日本橋（にっぽんばし）
写真：松崎正

東京の日本橋（にほんばし）
写真：吹浦忠正

（吹浦忠正）

ニュージーランド
New Zealand

　1893年に、世界で最初に女性の選挙権が認められた国であり、先住民族であるマオリ族とイギリス系の国民との協力関係がすばらしい形で進んでいる。西隣のオーストラリアとはもちろん、日本やASEAN（東南アジア諸国連合）諸国との親密な関係を外交の基本にしている。

　国旗はイギリス色が強すぎ、また、オーストラリアの国旗と見間違えられるということで、ジョン・キー首相が国旗の変更を公約し、2014年に行われた3期目の選挙で大勝したことを背景に、2016年3月3日に最終的な国民投票を行った。結果は国旗の変更に賛成する票が43.17％、反対が56.60％で、変更案は否決された。最終候補となった案のモチーフは植物のシルバーファーン（夜でも光って見えるシダの一種）を大きく描いたデザインだった。しかし、最終選考で5つの案になったことで支持対象が割れたこと、これまでの国旗の下で、第一次世界大戦以来、歴戦を経てきた在郷軍人会の意向が強かったこと、英国旗「ユニオン・ジャック」が消えることへの保守層の抵抗などがキー首相敗北の原因だったと報道されている。

　北半球では北極星が北の方角を知る重要な手がかりであるように、南十字星は、1642年にオランダ人タスマンがこの島を発見した当時から、南半球を進む探検家や航海者たちにとって方向を知る重要な手がかりの1つだった。1840年にイギリスの植民地になったが、その直後からこの地方の旗には、すでに南十字星が登場している。1867年、現在の旗の南十字星の部分に、白で縁取られた赤い文字で「NZ」と描いた旗が制定されるが、1869年にニュージーランドは南十字星を表す白い4つの星に変わった。さらに1902年、国旗法が施行されて、4つの星の中に白で縁取られた赤い星の現在の旗となり、1907年、自治領として独立したときからこれが正式に国旗となった。

国歌解説

　大陸から隔絶した火山諸島で、固有種のキーウィで知られるニュージーランドには、9世紀からポリネシア系のマオリ人が住居していた。17世紀にオランダ人アベル・タスマンがヨーロッパ人として初めて到達し、オランダの地名ゼーラントにちなみ、「新しいゼーラント」から「ニュージーランド」と呼ばれるようになった。

　題名は『神よニュージーランドを守り給え』、言語は英語とマオリ語。1947年イギリス国王を元首とする立憲君主国として独立後、英国歌が正式な国歌だった。30年後、それまで国民歌の扱いだった『神よニュージーランドを守り給え』も同等に扱われるようになり、現在は2つの国歌を持っている。アイルランド出身の詩人で、編集者や政治家の顔も持つトーマス・ブラッケンが英語で作詞、作曲はコンクールによってジョーン・ジョセフ・ウッズの作品が選出された。オリジナルは全5節あり、直後にマオリ語にも翻訳された。現在は先住民族マオリ人への敬意から、1番マオリ語、2番英語の順で歌う。マオリ語の1番の歌詞は「おお主よ、この国の、そして我々の神よ。我らに耳を傾け、慈しみ給え、栄えさせ給え。神の祝福をあふれさせ、長く白い雲のたなびく国（＝アオテアロア＝）ニュージーランドを守り給え」という内容で、オリジナルの英語の歌詞より、シンプルである。

　スポーツでは、なんといってもラグビーである。オールブラックスは世界屈指の強豪チームであり、試合前の「ハカダンス」（マオリ族の民族舞踊）は戦意高揚させる激しい動きと顔の表情が特徴的な儀式として有名。美しい景観にも恵まれ、『ロード・オブ・ザ・リング』『ラスト・サムライ』など、多くの映画のロケ地となっている。ニュージーランド民謡の『ポカレカレ・アナ』は国民に長く愛されているラブソングである。

（マオリ語）Aotearoa / （英語）God Defend New Zealand

（マオリ語）

E Ihowā Atua,
O ngā iwi mātou rā
āta whakarongona;
Me aroha noa
Kia hua ko te pai;
Kia tau tō atawhai;
Manaakitia mai
Aotearoa

（英語）

God of Nations at Thy feet,
In the bonds of love we meet,
Hear our voices, we entreat,
God defend our free land.

Guard Pacific's triple star
From the shafts of strife and war,
Make her praises heard afar,
God defend New Zealand

神よニュージーランドを守り給え

（マオリ語）

おお　主よ　我らの国　我らの神々よ

我らの声をお聞き届けください

我らを慈しみ　栄えさせてください

神々の祝福を賜り

ニュージーランドをお守りください

（英語）

国々の神　（主の）御許にきたりて

愛の絆で我らをつなぐ

聞き入れ給え　我らが願い

神よ　この自由の地を守り給え

守り給え　太平洋の三つ星を

争いや闘いの刃から

主への賛美を遥か響かせん

神よ　ニュージーランドを守り給え

ニュージーランド　147

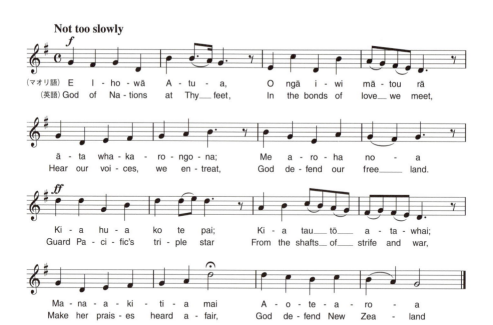

歌唱ポイント

　God ＝神という言葉は、簡単に訳せるようで、複雑な意味を持っています。マオリ文化は多神教で、日本の八百万の神々という概念に近いようです。2 番の英語で歌われる God はキリスト教の「神」であり、同じ 1 国の歌詞の中でも、宗教や文化の違いを感じ取ることができます。

　マオリ語もポリネシア諸語の 1 つですが、日本語を母国語とする者にとって、すべからくポリネシア諸語は発音しやすいです。音符の 1 音に 1 音節が乗るのでレ＝ア・ド＝オ・シ＝テ・ド＝ア・シ＝ロ・ラ＝オ・ソ＝ア、「レドシドシラソ」というメロディに「アオテアローア」とカタカナ発音してもマオリ語に近い発音になります。日本語は母音と子音が一緒になった、母音中心の言語です。まさにマオリ語も同じ考え方なので、単語の連なりで音節が変わり、抑揚も生むことを学ばなければならない外国語の中では珍しく日本語に近い仲間であり、その意味でも 1 音ずつ、言葉をはっきり発音して歌いましょう。

　メロディは歌いやすい音形で書かれており、テンポの変化もなく、覚えやすい美しい音楽です。あまり遅くせず、淡々と全体を歌いましょう。3 段めから神への強い想いをしっかり歌ってください。

　一番のポイントは、4 段めの〜 tia から mai に音程が 4 度上行しているところです。この 4 度上行の音程をここで持ってくるところが、この曲の名曲たる所以です。fermata（フェルマータ＝その音を倍以上長く伸ばす）をつけてこの盛り上がりを強調する演奏が、私（新藤）は好ましいと思いますが、伸ばさないで、テンポを変えないで歌われることもあります。その国の方の気持ちになって、最後の「アオテアローア＝ニュージーランド」という国名を大切に、心を込めて歌いましょう。

　続く英語の歌詞では、音楽が展開する Guard Pacific's triple star「守り給え　太平洋の三つの星を」とありますが、南十字星を歌っています。最後は God defend New Zealand「神よ　我らの自由の地＝新しい海の土地＝ニュージーランドを守り給え」で終わりますが、マオリ語と同様に、国名ははっきり発音し、敬意を表して歌いましょう。

ニュージーランド　**149**

ノルウェー王国
Kingdom of Norway

国旗解説

　ナポレオンとの戦いの後のウィーン会議（1814～1815）で、ノルウェー地域はデンマークからスウェーデンの支配下（形の上では「同君連合」）に移されたが、国民はデンマークの国旗の白十字の上に、青い十字を重ねた現在の国旗を使用した。
　赤、白、青の3色に、英、仏、蘭、米の各国旗に通ずる思い、すなわち自由を求める気持ちを託したとされる。1905年にスウェーデンから独立したときに、正式に国旗として採用された。
　1927年、ノルウェー国旗に関する法律が制定され、同法では以下のように規定している。①日照時間が長い3月から10月までは午前8時から、同じく短い11月から2月の間は9時に国旗を掲揚し、日没と同時に降ろす。仮に白夜や深夜まで明るい日は午後9時には国旗を降納すること、②ノルウェー北部3県においては、11月から2月の間は、日が照っている、朝の10時から午後3時の間のみ掲げる、③旗は地面に触れないように取り扱う、④式典などでノルウェー国旗を掲揚する際は、主和音のみの軍隊ラッパによるファンファーレ、またはノルウェーの国歌『我らこの国を愛す』を演奏する（民間の式典で使用する場合のルールは特に決められていない）、⑤外国の国旗もノルウェーの国旗と同じく敬意をもって扱うこと、⑥一般市民も旗に向かって起立し静粛にして、敬意を持った態度で臨むべきであり、男性は、帽子を取ること、⑦国旗を収納する際には、白と青の部分が見えなくなるように縦の4分の1の幅にし、丸めて円筒型にする。ちなみに、アメリカの「星条旗」は公式には最後は三角形になるように折りたたみ、その形にあった木製のケースに収納することになっており、また、イギリスの「ユニオン・ジャック」は四角く折りたたむものと決まっている。「東京2020」では円筒に巻いてシワができにくいように補完することを検討している。
　国連軍そのほかの海外任務の場合、ノルウェー軍は終日、国旗を掲揚し、夜間は照明によって国旗が目立つようにしている。これは四六時中、警戒を怠らず、任務を遂行している士気の高さを表すものという。ちなみに国旗を地面に擦る行為は旗に対して不敬であり、場合によっては、降伏の意思を示すことでもあるために禁じている。

国歌解説

　題名は『我らこの国を愛す』、言語はノルウェー語。全8節中、第1節・第7節・第8節が歌われる。作詞はノーベル文学賞受賞作家のビョルンスティエルネ・ビョルンソン。ヘンリック・イプセン、ヨナス・リー、アレクサンダー・ヒェランとともに「ノルウェーの偉大な4人」と称される。

　1859年作の詩集に作曲したのは、ノルウェー国民楽派の作曲家として名高いリカルド・ノールドロークで、後に留学先のベルリンにて24歳の若さで病死、詩を書いたビョルンソンの従兄弟でもあった。ノールドロークは同時代を生きた、ノルウェーが世界に誇る大作曲家、エドヴァルド・グリークと深い愛国心と民族音楽への情熱を語り合う中で、グリークの音楽に大きな影響を与えた。

　1864年、憲法制定50周年の式典にて、元々男声合唱曲として生まれた『我らこの国を愛す』が国歌として公式に歌われた（1814年、同君連合として、時のスウェーデン王カール13世を、新しいノルウェー国王として選出するべく憲法改正が行われた）。第1節には、"saganatt"（北欧神話）とあり、ノルウェーといえばバイキング（海賊）、その英雄伝説が盛り込まれているのは興味深い。

　ノルウェー語にはブークモール（伝統ノルウェー語）とニーノシュク（新ノルウェー語）の2つの公用語がある。外国語として学ぶ場合は、主にブークモールを学ぶ。8世紀以降、古ノルド語は東西の方言に分化した。東スカンジナビア語群にスウェーデン語・デンマーク語、西スカンジナビア語群にアイスランド語があるが、元来アイスランド語に近い系統だったことがあり、古西ノルド語に回帰しようとする民族運動の産物がニーノシュクといえる。1814年憲法改正時の公式な読み書きはデンマーク語だった。言語にはその地に住む人々の魂が宿っている。

Ja, vi elsker dette landet

1. Ja, vi elsker dette landet,
   som det stiger frem,
   furet, værbitt over vannet,
   med de tusen hjem, —
   elsker, elsker det og tenker
   på vår far og mor
   og den saganatt som senker
   drømmer på vår jord.
   Og den saganatt som senker,
   senker drømmer på vår jord.

7. Norske mann i hus og hytte,
   takk din store Gud!
   Landet ville han beskytte,
   skjønt det mørkt så ut.
   Alt, hva fedrene har kjempet,
   mødrene har grett,
   har den Herre stille lempet,
   så vi vant vår rett.

8. Ja, vi elsker dette landet,
   som det stiger frem,
   furet, værbitt over vannet,
   med de tusen hjem.
   Og som fedres kamp har hevet
   det av nød til seir,
   også vi, når det blir krevet,
   for dets fred slår leir.

通常、1、7、8が演奏される

我らこの国を愛す

1. そう、我らはこの国を愛す
   岩に囲まれ　海原の波風にも
   屈することなく聳え立つ
   幾千もの家庭とともに
   それを愛し、思い出さん
   母を　父を
   今も夢をもたらす
   古の物語を
   今も夢をもたらす
   古の物語を

7. ノルウェー人よ
   その家で　小屋で
   偉大なる神に感謝を捧げよ！
   神が護らんとするこの国には
   闇に閉ざされた時代もあった
   父が戦い
   母が頬を濡らす間
   神は道を静かに開き
   我らは正義を手にしたのだ

8. そう、我らはこの国を愛す
   岩に囲まれ　海原の波風にも
   屈することなく聳え立つ
   幾千もの家庭とともに
   そして父の苦闘を胸に刻み
   勝利を収めんとすべき時には、
   その平和の為に
   いざ戦わん

ノルウェー王国

フィジー共和国
Republic of Fiji

国旗解説

　南太平洋に浮かぶ 332 の島から成る国。ただしビチレブ、バヌアレブの2つの島で面積の 90% を占める。1874 年にイギリス領となる。イギリスは 19 世紀後半以降、主力産業である砂糖のプランテーションで働く農業労働者を獲得するため、インドからの移民政策を進めた。その結果、フィジー系ネイティヴとインド系の移民の人口比はほとんど同じに拮抗している。

　国旗は、独立した 1970 年に制定。青は南太平洋を表す。類似の旗に比べ、青が明るいという特徴を持つ。盾の上部3分の1には赤地に金（黄で代行）でイングランドの象徴であるライオンがカカオの実を抱えている。その下部には、イングランドの守護聖人である「聖ジョージ十字」が描かれている。聖ジョージの赤い十字に4分割され、サトウキビ、ココヤシ、バナナというフィジーの特産品が描かれ、左下には、平和の象徴としてオリーブの小枝をくわえた鳩が描かれている。『旧約聖書』の「ノアの方舟」の逸話に由来する平和の象徴「オリーブの枝をくわえた鳩」である。

　「ユニオン・ジャック」は、この国がイギリス連邦の一員であることを示している。しかし、フィジーは 1987 年から 1997 年までイギリス連邦を離脱していた。ただ、その間も「ユニオン・ジャック」のついた国旗を使っていた。その後、フィジーでは「ユニオン・ジャック」のない国旗の採用に動き、「水色の地に白い貝」を描いたものをはじめ、いくつかの案に絞り込んだが、実際には、正式な採用には至らなかった。

　2005 年 11 月には評議会にて国旗内の国章を独立前の紋章（この紋章を2人の人間や帆船で囲んだもの）に戻すべきだと決議し、2015 年 2 月、国旗を「ユニオン・ジャック」のない「太平洋地域の島嶼国家」にふさわしい新デザインとする方針を公表したが、そのデザインは絞り切れていなかった。

　翌 2016 年のリオデジャネイロ・オリンピックに初参加のフィジーが7人制ラグビーで、強豪イギリスを 43：7 で破り、金メダルを獲得し、国民がこれまでの国旗を振って歓喜の声を上げる様子にバイニマラマ首相が大感激して心を動かされ、「今、揚がっている国旗を変えない」と宣言し、国旗の変更は取りやめになった。

154

フィジー共和国

国歌解説

　全面積は四国と同じ程度で、人口は約 90 万人。古来パプア系とトンガ系の住民がポリネシア文化を形成、17 世紀以降オランダ人、イギリス人の上陸が始まり、1874 年から約 100 年間イギリスの植民地となった。1970 年、イギリスから独立し、立憲君主制として国名をフィジーとした。その後、共和制へ移行し、フィジー共和国、フィジー諸島と名称を変えるも、2011 年から現在のフィジー共和国となる。公用語は英語。フィジー語とヒンディー語も使われる。

　題名は『フィジーに幸あれ』、言語は英語。1970 年に制定された。メロディは"Dwelling in Beulah Land"という讃美歌が原曲となっており、歌詞はマイケル・フランシス・アレクサンダー・プレスコットの英語の作品に公募で決定、編曲も自身で手がけた。時期は遅れて、同じく第 2 節の歌詞がフィジー語でも作られたが、内容は英語の歌詞と共通するところは少ない。演奏は英語の歌詞で、第 1 節のみ歌われる。

　現在はインド系の住民が約 4 割を占めることから、ヒンディー語の歌詞もあるが、公式に承認された歌詞は英語のみである。

　ラグビーが国技といわれるほど盛んで、2016 年のリオデジャネイロ・オリンピックで優勝し、全種目を通して初の金メダルを獲得した。このときの表彰式ではじめて聴いたフィジーの国歌はとても感動的だった。

　「メケ」と呼ばれる伝統的な舞踊、『イサレイ』（フィジーの別れの歌）はフィジー民謡として歌い継がれている。

God Bless Fiji

Blessing grant, oh God of nations, on the isles of Fiji,
As we stand united under noble banner blue.
And we honour and defend the cause of freedom ever,
Onward march together,
God bless Fiji!

For Fiji, ever Fiji, let our voices ring with pride,
For Fiji, ever Fiji, her name hail far and wide,
A land of freedom, hope and glory, to endure what ever befall,
May God bless Fiji,
Forever more!

Blessing grant, oh God of nations, on the isles of Fiji,
Shores of golden sand and sunshine, happiness and song.
Stand united, we of Fiji, fame and glory ever,
Onward march together,
God bless Fiji!

For Fiji, ever Fiji, let our voices ring with pride,
For Fiji, ever Fiji, her name hail far and wide,
A land of freedom, hope and glory, to endure what ever befall,
May God bless Fiji,
Forever more!

英語版のみ掲載

フィジーに幸あれ

神よ　フィジーの島々に祝福を
高貴なる青い旗のもと　我ら一丸となりて
自由の大義を尊び　守らん
いざ　ともに歩まん
フィジーに祝福あれ！

フィジーのために　誇りを胸にその名を呼ばん
フィジーのために　その名をあまねく讃えん
自由　希望　栄光の島よ　いかなる困難にも耐えよう
フィジーに永久なる祝福あれ

神よ　フィジーの島々に祝福を
金色の砂と太陽が輝く砂浜　幸福と歌が満ちる
我らフィジーは一丸となりて　名誉と栄光を胸に
いざ　ともに歩まん
フィジーに祝福あれ！

フィジーのために　誇りを胸にその名を呼ばん
フィジーのために　その名をあまねく讃えん
自由　希望　栄光の島よ　いかなる困難にも耐えよう
フィジーに永久なる祝福あれ

フィジー共和国

フィリピン共和国
Republic of the Philippines

国旗解説

　1521年、マゼランがこの地に到達して以来スペイン領となり、当時の皇太子フェリペ（後の国王フェリペ2世）にちなんでフィリピンとなった。国旗は1897年、スペインに対する独立革命の際に考案された。しかし、革命は失敗、ホセ・リサールなどリーダーが死刑になったり拘束された。この機会に、秘密結社カティプナンのリーダーであるアンドレアス・ボニファシオたちが考案したのが今の国旗の原案。正式には1946年の憲法で採択された。

　8束の光芒のある太陽は、最初に独立革命に立ち上がった8都市と自由を、3つの星はこの国の主な3地域、すなわちルソン島、ビサヤ群島、ミンダナオ島を表す。赤は勇気、青は格調高い政治目的、白は純潔と平和の象徴。同国国旗法第5条によれば、戦争状態が宣言されると、勇気を表す赤を上にして掲げられる珍しい国旗だ。

　もう1人のリーダーがエミリオ・アギナルド。米西戦争で、アメリカはアギナルドらの反スペイン独立闘争の勢力を利用するため支援し、1898年6月12日、アギナルドは自宅で大統領として独立宣言を発した。6月12日は今では独立記念日とされている。しかし、12月のパリ講和条約で建国を認めないアメリカは約2000万ドルでフィリピンの支配権を譲り受けた。時の米大統領マッキンリーは「フィリピン諸島はアメリカの自由なる旗のもとに置かれなければならない」との声明を発表したが、アギナルドをはじめフィリピン国民は反抗し、この闘争で数十万人ものフィリピン人が惨殺され、独立運動は鎮圧されてしまった。第二次世界大戦が勃発し、日本軍が進撃してくるとこれに協力し、ラジオを通じてコレヒドール島のマッカーサーに対して、フィリピンの青年の命を助けるべく降伏せよと演説した。当然、米軍の再上陸によりアギナルドは日本軍への協力者であるとして逮捕されたが、終生、国民的な支持が集まった。特に、1946年7月4日、フィリピンが名実ともに独立したとき、その祝賀パレードでは77歳のアギナルドがフィリピン国旗を高々と掲げて行進したのだった。2009年、国会は、植民地時代にも屈服しなかったムスリムに敬意を表し、光条を9束とする議案を可決したが、2019年8月現在、改定されていない。

国歌解説

　ポルトガル出身の探検家マゼランがスペイン王の命により世界を一周、1521年フィリピンにも到達。それまでのこの地の歴史はまだ判然としていないところもあるが、日本でも安土桃山時代の商人・呂宋助左衛門がルソンと交易して巨万の富を築いたことはよく知られている。各地に首領がおり、イスラム教が普及していた。セブ島周辺の王の1人、ラプ＝ラプによりマゼランは殺害されるが、艦隊は世界一周を敢行。以後スペインの進出が始まり、フェリペ皇太子にちなんでフィリピンと命名。カトリック文化が普及した。19世紀末にはホセ・リサールによる独立運動もおこる。1898年米西戦争によりアメリカが領有。翌年アギナルドが初代大統領として独立するも、結局米比戦争に負けてアメリカの植民地に。その後1942年には日本軍がマニラに上陸。その後レイテ島やマニラは日米による激しい戦火の地と化した。戦後はアメリカの影響下で政権が次々交代、1986年には独裁的だったマルコスも亡命した。

　国歌の題名『Lupang Hinirang（最愛の地）』は、フィリピンがスペインからの独立宣言を行った1898年に、ジュリアン・フェリペが作曲。当時のフィリピンは独立前であり、国歌に準じる曲はあったが、歌詞はなかった。ホセ・パルマが翌年発表した『Filipinas』という詩の一部が歌詞として採用され、その後、何度か改訂されて、現在の国歌になった。

　その後アメリカの植民地となり、英語が公用語として用いられていたこともあり、国歌の歌詞に英語版やスペイン語版が存在した。ナショナリズムの影響を受け、1998年にフィリピン語（タガログ語）のみに統一された。

　スペイン文化の影響により、西洋音楽が根付き、民族楽器といえばギターやバンドゥリア（複弦の弦楽器）が盛んである。日本のクラシックやジャズの初期にも先輩格として多大な影響があったといわれる。火山の噴火や地震などの被害が絶えないことも日本と共通している。

フィリピン共和国

Lupang Hinirang

Bayang magiliw
Perlas ng Silanganan,
Alab ng puso,
Sa dibdib mo'y buhay.

Lupang Hinirang,
Duyan ka ng magiting,
Sa manlulupig,
Di ka pasisiil.

Sa dagat at bundok,
Sa simoy at sa langit mong bughaw,
May dilag ang tula
At awit sa paglayang minamahal.

Ang kislap ng watawat mo'y
Tagumpay na nagniningning,
Ang bituin at araw niya
Kailan pa ma'y di magdidilim.

Lupa ng araw, ng luwalhati't pagsinta,
Buhay ay langit sa piling mo;
Aming ligaya, na pag may mang-aapi
Ang mamatay nang dahil sa iyo.

最愛の地

最愛の地
東洋の真珠
胸にたぎる　情熱の火よ

選ばれし国
勇者達を育みし地
いかなる征服者にも屈せず

海原に　峰々に
清風に　蒼天に
詩情あふれ
愛しき自由の歌響く

勝利に導くは
汝の煌めく御旗
曇ることなき
その星　太陽

太陽の国　栄光と愛情の国
汝の腕の中に天国はあり
脅かす者あれば
喜んで　この命　捧げん

フィリピン共和国

フィンランド共和国
Republic of Finland

国旗解説

　スカンジナビア十字（ノルディック・クロス）を基にした旗であり、「青十字旗（siniristilippu）」とも呼ばれる。この国旗は、フィンランドがロシアからの独立を宣言して以来使用された。

　フィンランドには湖沼が多く、自国を「湖沼の国（Suomi）」と称している。氷河の作用で生まれた氷成湖が国土の1割を超える。最大の湖は欧州第5位のサイマー湖で4,400㎢だが、幅が200m以上の湖が少なくとも55,000存在する。国旗の青はその湖沼と空を、白は白雪を表している。政府旗の中央にはライオンの紋章が付く。日本でも駐日フィンランド大使館で掲揚したり、大使の公用車には紋章付きの国旗が使用される。この政府公用旗を燕尾型にしたものが軍旗である。

　フィンランドは長くスウェーデン領であったが、19世紀の初め、ロシアとの戦争（第二次北方戦争）に敗れたスウェーデンからロシアに割譲された。しかし、1917年、ロシア革命に乗じてフィンランドはロシアから完全に独立し、翌年5月25日にデザインが不統一だった中から、今の国旗が正式な国旗として採択された。国旗の正式な縦横比は黄金比に非常に近い11:18と定められている。ちなみに世界の国旗で黄金比（1：1.618）の縦横比を持つのは、アフリカのトーゴ共和国の国旗である。

　フィンランドの国旗については法律で、詳細な決まりや奨めがあり、①ポールの高さは国旗の縦の長さの6倍が望ましい、②公的な機関は、祝祭日に国旗を掲揚し、国民も同調すべきだ、③国旗は、午前8時に掲揚され、日没とともに下げられる。ただし日没が午後9時以降となる場合は、それまでに下げられる、④12月6日の独立記念日には、日没時間が特に早い季節であるが、午後8時まで国旗を掲揚する、④国家的惨事などが起こった際は、半旗を掲げることを推奨している。

　夏至の夜は、フィンランド北部は完全な白夜となる。この日は「国旗の日」としてさまざまな祝賀行事が行われる。

国歌解説

　フィンランドには、少数民族として全人口の約5％にあたるスウェーデン人が暮らしている。フィンランド語とスウェーデン語が公用語であるのはそのためである。

　国歌の題名は、フィンランド語では"Maamme"、スウェーデン語では"Vårt land"。和訳は『我らが祖国』。

　フィンランドは1155年、スウェーデン王エーリク9世によって征服された。歌詞は、詩人ユーハン・ルードヴィーク・ルーネベリが当時の公用語スウェーデン語で書いた叙事詩『ストール旗手物語』から取られている。叙事詩の冒頭が"Vårt land"から始まることにちなみ、題名もそう呼ばれるようになった。ロシアに割譲の折、フィンランド語も公用語となり、パーヴォ・カヤンデルによってフィンランド語に翻訳された。こちらも、フィンランド語の歌い出しを取って"Maamme"と呼ばれるようになった。

　楽曲は「フィンランド音楽の父」とたたえられるフレドリク・パシウスが1848年に作曲した。世界的にも珍しい3拍子の国歌は明るく雄大で、優雅ささえ感じさせる。曲調がドイツ民謡に類似しているといわれるが、パシウスはドイツ移民である。なお、バルト海を挟んだエストニアの国歌もパシウスの作曲でまったく同じメロディである。ただし、歌詞は違う。

　フィンランドの大作曲家といえば言わずと知れたジャン・シベリウスだが、『フィンランディア』のモチーフにヴェイッコ・アンテロ・コスケンニエミ（1885年〜1962年、詩人）が歌詞をつけ、コーラスに編曲された『フィンランディア賛歌』は第2の国歌として愛唱されている。

（フィンランド語）**Maamme**

1. Oi maamme, Suomi, synnyinmaa!
   Soi sana kultainen!
   Ei laaksoa, ei kukkulaa,
   ei vettä rantaa rakkaampaa
   kuin kotimaa tää pohjoinen.
   Maa kallis isien.

11. Sun kukoistukses kuorestaan
    kerrankin puhkeaa;
    viel' lempemme saa nousemaan
    sun toivos, riemus loistossaan,
    ja kerran laulus, synnyinmaa
    korkeemman kaiun saa.

第1節と第11節が歌われる

（スウェーデン語）Vårt land

1. Vårt land, vårt land, vårt fosterland,
   ljud högt, o dyra ord!
   Ej lyfts en höjd mot himlens rand,
   ej sänks en dal, ej sköljs en strand,
   mer älskad än vår bygd i nord,
   än våra fäders jord!

2. Din blomning , sluten än i knopp,
   Skall mogna ur sitt tvång;
   Se, ur vår kärlek skall gå opp
   Ditt ljus, din glans, din fröjd, ditt hopp.
   Och högre klinga skall en gång
   Vår fosterländska sång.

フィンランド共和国　165

我らが祖国

（フィンランド語）

1. おお我らが祖国、フィンランドよ、故郷の地よ！
   その黄金の名を響かせよう！
   谷も、丘も
   湖も浜辺も、愛されはしないだろう
   この北の祖国のようには
   我らの高貴な父祖の地のようには

11. 君の繁栄が殻を破り
    いつしかは花咲かす
    我らの愛でさらに高まる
    この煌めき、希望、喜び
    祖国よ、我らは愛国の歌を
    高らかに歌わん！

我らが祖国

（スウェーデン語）

1. 我らが祖国、我らが祖国、故郷の地よ！
    その輝かしい名を高らかに叫ばん
    我らが祖国の山々ほど
    天高くそびゆるものはなく
    愛すべき谷間も、波打つ浜辺もない

2. 未だ蕾<ruby>蕾<rt>つぼみ</rt></ruby>の君の花は
    いつしか実を結ばん
    我等の愛でさらに高まる
    君の輝き　喜び　希望
    そして、より高らかに響かせん
    祖国の歌を

フィンランド共和国　　*167*

ブラジル連邦共和国
Federative Republic of Brazil

国旗解説

「Auriverde（金と緑の旗）アウリヴェルデ」と呼ばれる。緑は農業、黄は鉱物資源。中央にある南十字星周辺の27星は、首都ブラジリアと連邦を構成する州の数。それぞれの星は特定の州を表し、たとえば、円の下部に描かれた「はちぶんぎ座σ（シグマ）星」は五等星で「南極星」と呼ばれている星。これは、ブラジリアを中心とする連邦直轄区を表している。逆に、文字を書いた帯の上に描かれた大きな星（スピカ）はパラ州を表している。

米国の「星条旗」と同じく、州の増加で星の数を増やす。現在の国旗はアマパー、トカンチンス、ロライマ、ロンドニアの4州の成立により、1992年5月に変更された。1962年にアクレが州に昇格し、星が23個になって以来の変更である。

南十字星の配置がオーストラリアやサモア独立国などの国旗と異なるのは、星座を天球儀からとっているため、地球から見たのとは逆になるからである。

星の配置は帝政から共和制になった朝（1889年11月15日8時30分）の空を描いたもの。標語は「ORDEM E PROGRESSO（秩序と発展）」。フランスの実証主義者オーギュスト・コントの言葉からの引用である。

この言葉や星座が混乱しないようにという配慮から、実際に旗を作るときは星座や言葉を描いた円形の部分を2つ作り、貼り合わせる。この習慣は、小さな旗に至るまで、かなり徹底している。これによってのブラジルの国旗は表裏まったく同じデザインとなる。表裏2枚を張り合わせて作る国旗としては、ほかにサウジアラビアやイラクの聖句部分などがある。

オーギュスト・コントの言葉をかくもしっかりと表記しているのは、共和制発足当時の政府首脳陣の多くが実証主義の信奉者だったことの反映である。実証哲学は今日に至るまで、基本的にはブラジルの社会哲学の主流をなしている。

国歌解説

　1500年ポルトガル領、1808年にポルトガルの亡命政府が創出され、ナポレオン敗退後の1822年、ポルトガルの皇太子が初代ブラジル皇帝となった。1889年より共和制となっている。

　題名は『凱旋マーチ』で、単に『ブラジルの国歌』と呼ばれることも多い。言語はポルトガル語。歌詞は第2節まである。詩人のジョアキン・オゾリオ・ドゥケ・エストラーダ作詞、国立音楽学校の創設者であり、「ブラジル音楽の父である」といわれるフランシスコ・マヌエウ・ダ・シウヴァが作曲した。

　最初の国歌は『独立賛歌』で、初代皇帝ドン・ペドロ1世が作曲した。ペドロ1世は1822年、本国との決別を受け、サンパウロ市郊外のイピランガの丘に立ち「独立か、死か！」という名言を残している。同年ダ・シウヴァが『凱旋(がいせん)マーチ』を作曲、1831年にオヴィジオ・サライヴァ・デ・カルヴァーリョの手による、ペドロ1世の息子への譲位記念を祝う歌詞付きで、初めて歌われた。

　1889年帝政から共和政となり、新たな国歌を決めるコンペで、『共和宣言の歌』という曲に決定した。しかし依然として『凱旋マーチ』の人気は高く、エストラーダによって皇帝賛美を改定し、愛国心あふれる歌詞に書き換えられ、晴れて国歌の地位を得た。

　ブラジルはサンバの国、リオのカーニバルは特に有名。1908年から日本人の移民が始まり、現在200万近い日系人がいる。サトウキビ、コーヒーなどの栽培が盛んで、コーヒーの輸出量は世界第1位を誇っている。

　自他ともに認めるサッカー大国であり、ペレやジーコなど世界的スターを数多く輩出している。また、モータースポーツも盛んで、レース中に事故で亡くなったF1ドライバーのアイルトン・セナは今でも多くの人々の記憶に刻まれている。

　ブラジルの音楽は先住民、ヨーロッパ系、アフリカ系が多層的に重なっており、サンバ、ボサノバ、ショーロ、カポエイラ（アフリカ系格闘技）などの音楽がある。

Hino Nacional Brasileiro

1. Ouviram do Ipiranga as margens plácidas
   De um povo heróico o brado retumbante,
   E o sol da liberdade, em raios fúlgidos,
   Brilhou no céu da Pátria nesse instante.

   Se o penhor dessa igualdade
   Conseguimos conquistar com braço forte,
   Em teu seio, ó Liberdade,
   Desafia o nosso peito a própria morte!

   Ó Pátria amada,
   Idolatrada,
   Salve! Salve!

   Brasil, um sonho intenso, um raio vívido
   De amor e de esperança à terra desce,
   Se em teu formoso céu, risonho e límpido,
   A imagem do Cruzeiro resplandece.

   Gigante pela própria natureza,
   És belo, és forte, impávido colosso,
   E o teu futuro espelha essa grandeza.

   Terra adorada,
   Entre outras mil,
   És tu, Brasil,
   Ó Pátria amada!
   Dos filhos deste solo és mãe gentil,
   Pátria amada,
   Brasil!

通常、第1節のみが歌われる

2. Deitado eternamente em berço esplêndido,
   Ao som do mar e à luz do céu profundo,
   Fulguras, ó Brasil, florão da América,
   Iluminado ao sol do Novo Mundo!

   Do que a terra mais garrida
   Teus risonhos, lindos campos têm mais flores;
   "Nossos bosques têm mais vida",
   "Nossa vida" no teu seio "mais amores".

   Ó Pátria amada,
   Idolatrada,
   Salve! Salve!

   Brasil, de amor eterno seja símbolo
   O lábaro que ostentas estrelado,
   E diga o verde-louro dessa flâmula
   - Paz no futuro e glória no passado.

   Mas, se ergues da Justiça a clava forte,
   Verás que um filho teu não foge à luta,
   Nem teme, quem te adora, a própria morte.

   Terra adorada,
   Entre outras mil,
   És tu, Brasil,
   Ó Pátria amada!
   Dos filhos deste solo és mãe gentil,
   Pátria amada,
   Brasil!

ブラジルの国歌

1. 静けきイピランガの岸辺に
   民の雄叫びぞ谺せり
   折しも自由の太陽が
   祖国の御空に輝けり

   平等の証なる
   強き腕もて勝ち取れり
   汝が胸の自由こそ
   命を賭けても守らん！

   愛し崇むる
   祖国よ
   栄あれ！

   ブラジルに熱き夢の兆しと
   愛と希望の降りそそぐ
   青く澄みゆく大空に
   南十字の煌めけり

   大き自然に恵まれし
   美し勇ましき巨人かな
   未来は偉容を映すべし

   故郷よ

   あまたのなか

   ブラジル

   愛しき国！

   優しき母なる大地よ

   祖国よ

   ブラジル！

2. 永遠なる麗しき揺籃の
潮騒と青空にかこまれし
ブラジルこそアメリカの精華
新世界の陽に映えわたる！

明るき野原には
類なき花の咲きほこり
「我が森は命あふれ」
汝が地の「暮らしは愛に満つ」

愛し崇むる
祖国よ
栄あれ！

ブラジルの星散る御旗こそ
久遠の愛の象徴たれ

緑と黄色の表すは
「未来の平和と過去の栄光」

されど正義の武器取らば
汝が民は戦いを厭わず
汝を愛せば死も恐れじ

故郷よ

あまたのなか

ブラジル
愛しき国！
優しき母なる大地よ

祖国よ

ブラジル！

（訳：山﨑理仁）

ブラジル連邦共和国　173

歌唱ポイント

　今回、ＣＤを録音するにあたって、言語のカテゴリー別に進めようということになりました。ブラジルはポルトガル語ですが、本国の発音と異なるので、逆に並べることで混乱しました。言葉は生きているので、文字も、その発音も時代につれて変遷していき、所変われば、またその土地で育まれていくものです。

　ブラジルの国歌は長い前奏があり、歌が始まるまで待たなければなりませんが、そのワクワクするマーチのリズムに、一気に気持ちが高揚します。世界基準は 70 秒といわれていますが、表彰式などでの時間差が出ないよう、長大な国歌にはオリンピックサイズという「短縮版」が存在します。その歌唱（演奏）規定は本国に譲ねられています。

　１節のみと決められていてもこの言葉数の多さは、母音体系の日本語を母国語にする者にとって、かなり歌うのが難しい国歌です。「下手の考え休むに似たり」ということわざがありますが、近道はなく、音源を何度も聴いて、その発音器官の刺激を楽しんで歌いましょう。アルファベット表記を目で見て読んで、発音記号を覚え、正しい読み書きをするのが、外国語習得の正しい道です。先生によってはカタカナＮＧの方も多いですが、たくさんの異なる言語を歌う私（新藤）は、カタカナ表記をうまく取り入れながら、その発音の特徴を捕えて演奏しています。

　ブラジルの国歌は、テンポも速いのでたいへんですが、始まってしまえば威厳のある行進曲、勢いで歌い切ることができます。re「ヘ」、te「チ」、til「チウ」などの発音は、まず単語の読み方をブラジル・ポルトガル語で、続いて単語が連なったときの音節が、どのようにメロディにあてはまるかを、丁寧に歌い込んでいきましょう。

　2009 年に改定された連邦法で、すべての小学校において、週 1 回国歌を歌うと義務付けられました。自ら立ち上がり、胸に手を当てて朗々と自国の国歌を歌っている姿は、美しく感動的です。

*CDに収録された『ブラジルの国歌』は新藤昌子バージョンです。

コラム column　国名を変えた国も

　世界の国の中には、国旗や国歌ばかりではなく、国の名前（国名）まで変わることがある。

　グルジアが武力紛争までした相手であるロシアの言葉でグルジアと呼ばれるのは嫌だと、ジョージアになった。

　南部アフリカのスワジランドは 2018 年 4 月 19 日、独立 50 周年と国王ムスワティ 3 世 50 歳の誕生日を期して、国名をエスワティニ（Eswatini）に変更。「スワジランド（Swaziland）の名では Switzerland や Disneyland と間違えられる」と国王が言われたとか。国旗は変っていない。

　ギリシャ国内にマケドニア地方があり、そこが、かのアレクサンドロス大王の出身地でもあることから、ギリシャは、旧ユーゴスラビアの小国マケドニアがその名称で独立国であるとすることに大反対。1991 年にマケドニアが独立して以来、多年、双方で交渉してきた。その結果、2018 年に、「北マケドニア共和国」とすることで折り合いがつき、2019 年 1 月 11 日、マケドニア議会が国名変更のために必要な憲法改正案を、賛成 81 票で、総議席 120 のうち、憲法改正に必要な 80 票を辛うじて上回り承認、同月 25 日にはギリシャ議会でも賛成 153、反対 146 の僅差で改名合意が承認され、呼称問題は決着した。2 月 12 日に改名が発効し、翌 13 日には国名変更を国連に通知した。2019 年 5 月 1 日現在、国連での呼称は依然として、マケドニア・旧ユーゴスラビア共和国 The former Yugoslav Republic of Macedonia であるが、近く、国際機関などに国名の変更が通知され、北マケドニアは念願の EU（ヨーロッパ連合）や NATO（北大西洋条約機構）への加盟に向かうことは必至とみられている。

（吹浦忠正）

フランス共和国
French Republic

国旗解説

「トリコロール（三色旗）」と呼ばれる。1789年のフランス革命のときに、ラファイエット将軍の発案で、王家であるブルボン王朝の色とされる白をパリ市の色である青と赤で囲んで、王と国民の宥和を図ろうとした。

　この国旗は諸外国の国旗に大きな影響を与え、かつ世界中で親しまれている旗である。長年の間、三色は30：33：37の比率のものが多かった。これは旗竿から遠い順に幅が狭く見えるのを補うため、と説明される。共和国第四憲法（1946年）では等分（同じ幅）と規定されたが、第五共和国（ドゴール）憲法（1958年）では「等分」の言葉が消え、現在は、海上では不等分の、陸上では等分のデザインとされている。

　3色の表すものについて法的な規定はないが、憲法で国標とされている自由、平等、博愛を表すものとみなされている。

　白は白百合に由来し、ブルボン朝時代の旗の色であり、青はイギリス国旗との区別を鮮明にするため、やや明るめの青を用いる。

　フランス革命直後は規定がなかったため、初期には赤・白・青の縦三色旗という現在とは反対の配色のもの（このパターンでは風下の青が晴天の空にまぎれて目立たないという欠点があった）をはじめ、さまざまな旗が掲げられた。第一共和政が成立した1792年に制定された旗は現在のオランダ国旗と同じ赤・白・青の横三色旗であった。1794年に現在の旗となり、1814年から1830年のブルボン復古王朝時代を除き、1830年のルイ・フィリップのオルレアン王朝王以来、今日まで使われ続けている。

フランス共和国

題名は『ラ・マルセイエーズ』（マルセイユの歌）、言語はフランス語で7節まである。革命の真っ只中に作られた国歌だけに歌詞の内容がかなり過激である。しかし、メロディの美しさや心躍るマーチ（行進曲）のリズムは、19世紀に作られた世界中の国歌のモデルとなった。

作詞・作曲ともにクロード－ジョセフ・ルージュ・ド・リルというストラスブール駐屯工兵隊大尉。1792年、戦いの前夜一気に書き上げたという逸話がある。アメリカ国歌もそのようにいわれており、ともに熱い想いがいい音楽を生む典型だろう。共和制となった政府により1795年に制定された。元来、ストラスブール市長からの依頼で作られ『ライン軍のための軍歌』と名付けられたこの歌は、歌詞と楽譜がポスターとなり、チラシは国中に拡散された。マルセイユからの義勇軍がパリで歌い大流行したため、『マルセイユの歌』と命名された。

フランス語を学ぶ手始めに、まずフランス国歌を歌えるようにする教育機関は日本にも多い。覚えやすいメロディは、自ずと士気が高まって来るようである。足並みをそろえて前進する2拍子は身体にも刻みやすく、安心感さえある。

「血まみれの旗」「子どもらや妻の喉を掻き切る」「汚れた血が我らの田畑を満たすまで」という対訳をみて、驚く方も多いだろう。美しい音楽の力は、革命の時代には残酷な歌詞に戦意を高揚させ、歴史を動かす大きな力を与え、現代においては、明るくワクワクするメロディは、恐ろしい歌詞の内容にベールを掛ける。フランス国内では、歌詞を変えようとする動きはあるものの混迷しているようだ。

クラシックの大作曲家ロベルト・シューマン、リヒャルト・ワーグナーはともに『二人の擲弾兵』という曲の中で、ナポレオン戦争をイメージさせるのにこの歌の一部をモチーフとして引用している。またピョートル・チャイコフスキーは大序曲『1812年』（作品49）で、やはりナポレオンのロシア進軍のテーマに、フランスの象徴としてこのメロディを登場させている。

La Marseillaise

Allons enfants de la Patrie,
Le jour de gloire est arrivé !
Contre nous de la tyrannie,
L'étendard sanglant est levé !
L'étendard sanglant est levé !

Entendez-vous dans les campagnes
Mugir ces féroces soldats ?
Ils viennent jusque dans nos bras
Égorger vos fils, vos compagnes !

Aux armes, citoyens !
Formez vos bataillons !
Marchons ! marchons !
Qu'un sang impur
Abreuve nos sillons !

ラ・マルセイエーズ（マルセ−ユの歌）

行こう　祖国の子どもら
栄光の日が来た！
我らに向けて　暴君の
血まみれの旗が掲げられた
血まみれの旗が掲げられた

聞こえるか　戦場の
残忍な敵兵の雄叫びが？
彼らは我らの元に来て
子どもらや妻の喉を掻き切る！

武器を取れ　市民らよ
隊列を組め
進め！　進め！
汚れた血が
我らの田畑を満たすまで！

フランス共和国　181

歌唱ポイント

　日本語では使わない発音がいくつかあります。2、3紹介します。まず1つ目は鼻母音です。鼻の奥に浅いところから深いところまで、アエオを「置く」という感覚です。フランス国歌の出だしの "Allons" は「アロン」ではなく「アロ」、"enfants" は「アンファン」ではなく「オーフォ」と発音しましょう。日本人と西洋人の "N" を発音する位置は異なります。ちなみに「ワ・イ・ウ・エ・ヲ・ン」と発音した「ン」と、口を開けて舌を閉じて発音する「ン」と発音する "N" の位置の違いを体感できますか？　ヨーロッパ言語の基本は「O＝オ」でできており、日本語は「I＝イ」なので、どうしても日本人の「ン」は口腔内での位置が低く、西洋人の「ン」は高いのです。Allons enfants を「アローゾフォ」と歌い始めると、なかなかフランス語通に思われるでしょう。

　2つ目として難しい発音は "R" でしょう。フランス語の "R" は喉の奥に思い切り "H" で風を送ります。Patrie は「パトゥヒーユ」と聴こえる発音です。「ヒー」という音はかなりキツく聴こえるので、クラシックの歌手はイタリア語の "R" は「トゥルル……」と軽く巻き舌する発音でPatrie を「パトゥリーユ」と歌うことが多いです。

　"Jour" の発音も難しいですね。「ジー」と擦りあう「ジュ」の発音は、発音に力を入れないで、「ジー」の部分に長さを取って、時間を掛けて発音しましょう。"viennent"「ヴィエン」のような強い発音も、特徴的な響きがあります。またリエゾンと呼ばれる語尾の子音と語頭の母音が繋がって連声されて発音する仕方もフランス語の特長です。

　フランス語は、発音器官のここをこう使ってこの音を出す、と決まっています。ある意味、発音の固い言語といえるでしょう。日本語を話すフランス人が、皆似たような話し方になるのはこのためです。

「行こう　祖国の子どもら」と始まる歌詞は明らかに民意をあおり、敵兵への憎しみに溢れる恐ろしい内容です。美しいメロディに溺れず、酔いしれず、緊張感を持って決然と歌うことが求められます。国歌のカテゴリーには行進曲＝マーチ系がありますが、一歩ずつ進軍する「歩く」リズムを大切に歌いましょう。

フランス共和国　**183**

ベトナム社会主義共和国
Socialist Republic of Viet Nam

国旗解説

「金星紅旗(コーズーサオヴァン)」と呼ばれているベトナムの国旗は、1945年9月5日付の臨時大統領命令、ついで1955年11月30日付の大統領令で定められ、1959年12月31日、議会で採択、憲法第109条で追認された。赤は社会主義国に共通の色で、革命の血を表し、黄色は国内の諸民族の団結を表している。

この国旗のデザインには明らかに旧ソ連の赤地に黄色で鎌と鎚を描いた国旗と、赤地に大小4つの黄色の星を描いた中国の国旗の影響がある。五稜星は労働者・農民・兵士・青年・知識人を表すとともに、社会主義が世界の五大陸に広まることを理想としていることを示している。

ベトナムでは日本の敗戦に伴い、1945年指導者ホー・チ・ミンがハノイでベトナム民主共和国の独立を宣言した。しかし、1887年以来の宗主国として戻ってきたフランスとの戦いになり、激戦の末、1954年3月から5月に行われたディエンビエンフーの戦いでフランス軍に勝利し、同年7月のジュネーブ協定で正式に独立した。ただし、北緯17度線添いに、国土は南北に分割され、北にはベトナム民主共和国、南にはベトナム共和国と2つに分かれて独立した。早急に行われるはずだったベトナム全土での国民投票が延期されたまま、南部は事実上、米国の影響下に置かれた。

これに抵抗した主として「南」の人たちによるベトナム戦争が1960年代から活発になり、1968年の「テト攻勢」を経て、事実上、南北戦争の形となった。戦争は次第に「北」の圧倒するところとなり、1975年4月30日にはサイゴン(現・ホーチミン)が陥落し、翌年南北が統一してベトナム社会主義共和国になった。

現在の国旗は、それまでの北ベトナムのものが国旗となった。「北」の支援を受けていた南ベトナム解放民族戦線の旗は、この国旗の下半分が青だった。この解放戦線は南北ベトナム統一直後は、ベトナム民主共和国政府の一部を占めていたが、すべて排除され、名実ともに「北」の労働党(1976年以降は共産党)が、南北全土を制覇する結果となった。統一までの「南」の国旗は「黄底三線旗」とよばれ、赤地に(北からの三地域である)東京(トンキン)、安南(アンナン)、交趾(コウチ)シナを表す3本の赤い線の入ったものだった。

ベトナム社会主義共和国

国歌解説

　紀元前3世紀の秦の始皇帝以来、約1000年もの間、中国各王朝が間接的な支配を続ける中で、呉、丁、黎、李、陳、胡などの王朝が成立した。1847年フランスの進出が始まり、交趾シナ（南部）、安南（中部）、東京（北部）がフランスの保護領となった。1887年フランス領インドシナ連邦（カンボジア、ラオスを含む）が成立、戦前の日本では、「仏印」と表記されていた。

　題名は『進軍歌』、言語はベトナム語。1945年ベトナム民主共和国が樹立されると、国歌の必要性が唱えられ、それまでに旧北ベトナムですでに歌われていた、グエン・ヴァン・カオ作詞作曲の『進軍歌』が国歌として制定された。グエン・ヴァン・カオはジャーナリストであり、音楽のみならず、絵画作品も遺している。ベトナム国旗をデザインしたグエン・フー・ティエンの肖像画を描き、その功績により、1996年に政府からホー・チ・ミン賞を授与され、ハノイの大通りにその名が刻まれている。

　フランスとの独立戦争に続き、南ベトナムにアメリカが介入。1965年から10年におよぶベトナム戦争が終結し、南北ベトナム統一後の1976年以降も『進軍歌』はベトナム社会主義共和国の国歌として引き継がれた。歌詞は全2節あるが第1節のみ歌われる。

　ベトナム語の単語の7割近くが漢語由来で、国歌（**Quốc ca**＝クォッカー）や雅楽（**Nhã nhạc**＝ニャーニャク）、国歌のタイトル『進軍歌』（**Tiến Quân Ca**＝ティエンクオックカー）も同様に日本の漢字の読み方に似ている。伝統楽器も中国伝来の箏、三弦、琵琶、月琴など、日本に存在するものと類似しているところが、遠くて近い国として親しみを感じる。

ベトナム社会主義共和国　　185

Tiến Quân Ca

Đoàn quân Việt Nam đi, chung lòng cứu quốc.

Bước chân dồn vang trên đường gập ghềnh xa.

Cờ in máu chiến thắng mang hồn nước.

Súng ngoài xa chen khúc quân hành ca.

Đường vinh quang xây xác quân thù.

Thắng gian lao cùng nhau lập chiến khu.

Vì nhân dân chiến đấu không ngừng.

Tiến mau ra sa trường,

Tiến lên! Cùng tiến lên!

Nước non Việt Nam ta vững bền.

公式に歌われる１番を掲載

進軍歌

ベトナム軍は征く、救国の思いを胸に

長く険しい道程にその足音が響く

勝利の血に赤く染まった御旗には国の魂が宿る

進軍歌とともに砲火が遠く鳴り響く

敵の屍の上に栄光の道を築き

苦難を乗り越え、共に抵抗拠点を構えん

人民のために、止むことなく戦わん

戦場へ急げ

進まん！　共に進まん！

ベトナムは永遠なり

歌唱ポイント

　西洋音楽を学んできた私（新藤）は、いつもヨーロッパに目を向けていました。未だアジアの地を訪れたことがありません。国歌で国際交流を始めた2008年より、パキスタン建国記念日レセプション、スリランカ新年祭のイベントなど、まずは国歌のための言語習得がきっかけとなり、徐々にアジア諸国と関わることが増えてきました。アジアの国歌は、概して民族色が強く、ヒンディー・クメール・マレー・シンハラ・タイ・ウルドゥー・ペルシャ・インドネシア・ミャンマー・ラオス語などを学んだことは私の財産となっています。

　近年留学生から就労者まで、在留ベトナム人が急増し、私が理事を務めているＣＩＦＡ（調布国際交流協会）のフレンドシップデーにおいても、たくさんのベトナムの方が参加され、ガッツのある若者との交流を楽しんでいます。

　ベトナム語は漢字に由来しますが、表記は独自の声調記号・母音記号のついたアルファベットです。声調というのは音の高低のことで、中国語でそのイメージを持つかと思いますが、ベトナム語には中国語の4つより多い6つ存在します。母音もなんと！ 12種類存在するため、その発音は複雑です。

　題名が『進軍歌』とあるように、戦いを鼓舞する内容には「勝利の血に赤く染まった御旗」「敵の屍の上に栄光の道を」と激しい言葉で、建国への切なる願いが込められています。南北に分割されそれぞれの独立から、南北が統一される歴史の中で、悲哀や歓喜があり、悠久の時を感じさせるようなアジアのメロディはすべてを包み込むようです。曲のアレンジによって印象は変わりますが、胸を打つ美しい国歌です。

ベトナム社会主義共和国　　189

ベルギー王国
Kingdom of Belgium

国旗解説

　黒、黄、赤の3色は〈黒地に、赤い舌を出し、赤い爪を持つ黄色いライオン〉という、中世にこの地方で栄えたブラバント公家の紋章の色に由来する。本来は国旗の縦横比が13：15という正方形に近い形であるが、ベルギー国内でも2：3の国旗も多用されている。

　中世、ネーデルラント地方では毛織物産業が盛んであった。16世紀からはスペイン領となっていたが、16世紀には北部が事実上、オランダとして独立した。南部ではその後もスペインの支配が続いたが、1815年のウィーン会議では、オランダに組み込まれた。しかし、1830年、フランスの「七月革命」の影響をもろに受けて、8月25日、ベルギーの中心都市ブリュッセルのラ＝モネ劇場で、独立運動に火が付いた。ナポリがスペインから独立する様子をテーマにしたオベール作曲のオペラが上演され、その最後の場面で「祖国愛よ、復讐を遂げん、自由こそ、わが宝。守りて戦わん……」と唱われると、観衆が総立ちしてこれに唱和し、そのまま街頭に出ると群集が加わり、暴動となった。これがたちまち全土に広がり、一気に独立を達成したのだった。

　分離独立運動が成功し、ドイツの領邦君主ザクセン＝コーブルク＝ゴータ公家からレオポルド1世を迎え、立憲君主国として国際的に承認された。妃はルイーズ＝マリー・ドルレアン。オルレアン公ルイ・フィリップ3世（後のフランス国王ルイ・フィリップ）の長女である。このため、フランスや周辺諸国の影響力が及ぶことを警戒したイギリスが画策し、1839年、ベルギーは永世中立国となり、オランダもこのとき、正式にベルギーの独立を承認した。国旗は、1830年の独立宣言後、間もなく1831年1月23日に制定された。ベルギーではオランダ語系のフラマン語とフランス語系のワロン語を話す人たちの関係が必ずしもしっくりしていないまま、立憲君主国の連邦という珍しい形になっている。

　1914年8月、第一次世界大戦はドイツ軍によるベルギーとルクセンブルクへの侵攻から始まった。両国は永世中立国であったが、以後ヨーロッパの統一や安全保障に率先して取り組みみ、ブリュッセルはＮＡＴＯやＥＵの本拠となっている。

ベルギー王国

国歌解説

　地理的にヨーロッパの交差点ともいうべき地域に位置する。建国の歴史は複雑で、古くはフランク王国に遡る。1815年オランダ（ネーデルラント王国）の一部となったが、1831年革命により独立した。オランダ語系のフランドルとフランス語系のワロン地域（一部ドイツ語）に分かれた。文化が大きく異なる背景から、君主制を保ちながら1993年に連邦制となった。多民族国家であり、フランス語、オランダ語、ドイツ語が公用語である。

　題名は州の名でもある『ラ・ブラバンソンヌ』（ブラバントの歌）、言語はフランス語、オランダ語、ドイツ語の3つ。ベルギーはワロン語（フランス語とほぼ同一）とフラマン語（オランダ語と似ている）とごく少数のドイツ語を話す国民、さらに中東からの移民などで構成されており、国歌を歌う際、どの言語で歌うかという複雑な事情がある。

　ブリュッセルの劇場で上演されたフランク・ファン・カンペンハウト作曲の愛国的オペラが、オランダからの独立運動を盛り上げたといわれ、そこで歌われたフランス語の歌を改定して1860年『ラ・ブラバンソンヌ』が誕生した。詩は当時の首相シャルル・ロジエによるもので、全4節ある歌詞の第1節に、ヴィクトール・クールマンスによるオランダ語（フラマン語）の歌詞も加わり、1921年に国歌として制定された。

　中世の面影を残す街並みが有名なブリュッセルには、EU本部やNATO本部が置かれている。文化面では、ヤン・ファン・エイクやルーベンスの絵画芸術が知られている。またスポーツにおいては、サッカーが盛んで、ベルギー代表チームは「赤い悪魔」の異名を持つことで知られている。国技と呼ばれる自転車競技も盛んで、ツール・ド・フランスで5回優勝したエディ・メルクスなど多くの世界的スター選手を輩出している。チョコレートも名高い。

ベルギー王国　　191

（フランス語／ワロン語）**La Brabançonne**

Ô Belgique, ô mère chérie,

À toi nos cœurs,

à toi nos bras,

À toi notre sang,

ô Patrie !

Nous le jurons tous, tu vivras !

Tu vivras toujours grande et belle

Et ton invincible unitéAura

pour devise immortelle

Le Roi, la Loi, la Liberté !

Aura pour devise immortelle

Le Roi, la Loi, la Liberté !

Le Roi, la Loi, la Liberté !

Le Roi, la Loi, la Liberté !

（オランダ語／フラマン語）**De Brabançonne**

O dierbaar België, O heilig land der Vad'ren,

Onze ziel en ons hart zijn u gewijd.

Aanvaard ons kracht en bloed van ons ad'ren,

Wees ons doel in arbeid en in strijd.Bloei,

o land, in eendracht niet te breken;

Wees immer uzelf en ongeknecht,

Het woord getrouw,

dat g' onbevreesd moogt spreken,

Voor Vorst, voor Vrijheid en voor Recht!

Het woord getrouw,

dat g' onbevreesd moogt spreken,

Voor Vorst, voor Vrijheid en voor Recht!

Voor Vorst, voor Vrijheid en voor Recht!

Voor Vorst, voor Vrijheid en voor Recht!

ベルギー王国

（ドイツ語）Das Lied von Brabant

O liebes Land, o Belgiens Erde,
Dir unser Herz,
Dir unsere Hand,Dir unser Blut,
o Heimaterde,wir schwören's
Dir, o Vaterland!
So blühe froh in voller Schöne,
zu der die Freiheit Dich erzog,
und fortan singen Deine Söhne:
Gesetz und König und die Freiheit hoch!
und fortan singen Deine Söhne:
Gesetz und König und die Freiheit hoch!
Gesetz und König und die Freiheit hoch!
Gesetz und König und die Freiheit hoch!

ブラバントの歌

ああ　愛しのベルギー　ああ　神聖な父祖たちの国よ
我らの魂と心を　ここに捧げん
我らに宿る父祖の力と血を　受け入れ給え　祖国よ
日々の営み　そして戦いの時　我らに松明を示し給え
ああ　祖国よ
しっかりと団結し　栄えませ
他に隷属するなかれ　自ら孤高の道を求め
何ものも恐れず　自らの心の叫びに忠実であれ
国王のために　自由のために　そして法に則って
何ものも恐れず　自らの心の叫びに忠実であれ
国王のために　自由のために　そして法に則って
国王のために　自由のために　そして法に則って
国王のために　自由のために　そして法に則って

オランダ語版より翻訳

ベルギー王国　195

ポーランド共和国
Republic of Poland

国旗解説

　ポーランドの伝説的な建国者であるレヒが、アドリア海に近いイタリア半島の地域から北上して国を造ろうとしたとき、「赤い夕日を背景に白い鷲が飛んでいるのを見たら、そこに都を築け」という啓示を受けた。

　今のワルシャワに近い今のポズナン付近で1羽の白鷲が、夕陽の強く赤い光から巣の中にいる2羽のひなを守ろうとゆっくりと翼を広げた威厳に満ちた姿にレヒは感動し、ワルシャワを首都として選び、白と赤の旗を定め、赤地に王冠つきの白鷲の紋章を作って、これをポーランドの国章とした。

　しかし、18世紀末の3回にわたる〈ポーランド分割〉は、愛国者タデウシュ・コシューシコ（コシュチェシュコ）らの奮闘にもかかわらず、ポーランドを消滅させ、プロイセン、ロシア、オーストリアに分割されたた。19世紀の独立運動の中では、白は共和国の尊厳と自由を、赤はその自由のために流された血を表すものと意味が変わり、現在に至っている。1980年までに濃く明るい赤色に改訂された。

　第一次世界大戦で枢軸国が敗れ、ロシアは革命で戦線を離れた。民族自決主義を掲げるヴェルサイユ条約（1919年）で、再び独立国となったポーランドは、白と赤の二色旗を採択した。しかし、第二次世界大戦では東西からナチス・ドイツとソ連の侵略を受けて再び国土が分割された。ポーランドの国名はポー（平原）から来ているのだが、それだけに、隣接する国々からの侵略を受けやすく、列強により分割・消滅を繰り返した悲劇の国といわれる。

　現在でも商船旗には、赤地に白鷲の紋章が付いているほか、ほかの国の国旗と区別しやすく、また、紋章を付けたデザインの方が威厳があっていいとし、紋章付きの国旗を官公庁はもちろんのこと、公立学校やスポーツ大会などでも常時、用いることもある。

　というのは、旗を上下を逆にすると、上が赤、下が白というインドネシアとモナコの国旗になる。厳密にいえば、それぞれ縦横比は異なる（モナコの国旗は4：5、インドネシアは2：3）とはいえ、風がない時など、見間違えることがあるから、ポーランドの国旗は紋章を付けたデザインを国民が喜ぶ傾向があるという見方もある。

ポーランド共和国

国歌解説

　ポーランドの歴史は、国家興亡の歴史と言えよう。1772 年、1793 年、1795 年の 3 回に分けて、隣接するプロイセン、ロシア、オーストリアに分割されて、国自体が消滅した。国を想う人々は何とかして、国家の再興の希望を持ち続けていた。パリに亡命したヤン・ヘンリク・ドンブロフスキ将軍もその一人で、時のフランスの将軍ナポレオン・ボナパルトがイタリア半島に進攻する機会に、ポーランド人による大きな部隊を結成し、フランス軍の配下として各地を転戦しながら戦力を拡充した。1807 年にフランスの全面的支援により、ワルシャワ公国としてポーランド王国の再建がなされるも、ナポレオン敗退後のウィーン会議で消滅、再度分割される。

　題名は『ドンブロフスキのマズルカ』、言語はポーランド語。作詞者のユゼフ・ヴィビツキ中尉は文人であり、政治家であった。1795 年ポーランド国家消滅の際には、同じく亡命中のドンブロフスキ将軍とともに、ポーランド国家復活の強い希望をナポレオンに託し、ポーランド将兵らを鼓舞させる歌詞を 1797 年に書き上げた。作曲者は不詳だが、祖国ポーランドの民族音楽マズルカを取り入れた曲である。マズルカとは、3 拍子の舞踊およびその舞曲であり、リズムの特徴は多くは 2 拍め、または 3 拍めにアクセントを持つ。歌詞の冒頭に「ポーランドいまだ滅びず」とあるのは、プロイセン側が、ポーランド軍の英雄コシューシコがマチェヨヴィツェの戦いで敗れた後「ポーランド滅びたり！」と叫んだ、との流言に反発したものである。ポーランドが独立を果たしたのは、第一次世界大戦後、1919 年のヴェルサイユ条約によってである。そして、1927 年に正式に国歌として制定された。

　フレデリック・フランソワ・ショパンはポーランドが生んだ大作曲家。1830 年にポーランド人がロシアの支配に対して反乱を起こした「11 月蜂起」のニュースを異国の地フランスで知ったショパンが、心を痛め、望郷の念から作曲したのが、ピアノの名曲『革命のエチュード』である。

ポーランド共和国　　197

Mazurek Dąbrowskiego

Jeszcze Polska nie zginęła,
Kiedy my żyjemy.
Co nam obca przemoc wzięła,
Szablą odbierzemy.

※ Marsz, marsz, Dąbrowski,
Z ziemi włoskiej do Polski.
Za twoim przewodem
Złączym się z narodem.
〈※繰り返し〉

Przejdziem Wisłę, przejdziem Wartę,
Będziem Polakami.
Dał nam przykład Bonaparte,
Jak zwyciężać mamy.

〈※２回繰り返し〉

Jak Czarniecki do Poznania
Po szwedzkim zaborze,
Dla ojczyzny ratowania
Wrócim się przez morze.

〈※２回繰り返し〉

ドンブロフスキのマズルカ

ポーランドは未だ滅びず
我らが生きるかぎり
敵が我らから奪いしものを
我ら剣で取り戻さん

　　　※　進め、進め、ドンブロフスキ将軍
　　　　　イタリアからポーランドまで
　　　　　汝の指揮の下
　　　　　我らは団結する
　　　〈※繰り返し〉

ヴィスワ川、ヴァルタ川を渡り
ポーランド人とならん
いかに勝利を手にするか
ナポレオンが我らの先例

　　　〈※２回繰り返し〉

チャルニエツキがスウェーデン占領後
ポズナンへと戻ったように
我らの祖国を救うべく
我らもまた海を渡り帰って来ん

　　　〈※２回繰り返し〉

ポーランド共和国　**199**

ボスニア・ヘルツェゴビナ
Bosnia and Herzegovina

ボスニア・ヘルツェゴビナ（ＢＨ）の国旗は、従来の国旗とはさまざまな点で異なるユニークなデザインである。まず、7つの完全な星と1つの星を半分にした星が上下に付くというのは、これがさらに続く、国家がさらに発展することを示す。黄色の三角形は基本的にこの国の国土の形を図案化したもので、3辺はこの国を構成する主要な民族であるムスリム（ボシュニャク）、セルビア、クロアチア系の人々を表す。

ヨーロッパの国旗には星がないのが特徴であり、それゆえにＥＵ（ヨーロッパ連合）の国旗は、加盟各国のどの国旗とも似ていないデザインになった。青は国連とＥＵの支援で建国されたことに謝意を表してのこと。現在ヨーロッパの国で星を国旗の意匠に用いているのはＢＨ以外にはこの後に独立を宣言したコソボのみで、当初からＥＵ旗を模してデザインされたためである。これはＢＨのＥＵ加盟の希望を表しているのだが、いまだ実現には至っていない。

この国旗は1998年の長野冬季オリンピックに間に合わせる形で制定された。ＢＨの選手団は同年2月30日の選手村での入村式では、白地の中央に6個の白ユリなどを配した青い盾という紋章を配したものを掲揚した。この期に及んで、開会式までに最終的なデザインを決定するというので、組織委では報道などを頼りに、ほかの2案を含む3つの案について、必要な数の国旗を製作して、必要とされる部署にＢＨの3種類の「国旗」を配置していた。ようやく2月7日の開会式の2～3日前になって、ＢＨのＮＯＣ（国内オリンピック委員会）を通じて、現在のデザインのものに決定したという公式な連絡があり、ほかを撤収した。

なお、白地に紋章という暫定的な国旗は2014年にブラジルで開催されたＦＩＦＡ（国際サッカー連盟）世界選手権でも、期限付きの国旗として使用されていたという報道があったが、2016年のリオデジャネイロ・オリンピックの際、現地で確認したところ、オリンピックでは今と同じＢＨの国旗がすべてにおいて使用されていた。

ボスニア・ヘルツェゴビナ

国歌解説

　ボスニア・ヘルツェゴビナの国歌の題名は一般的には『ボスニア・ヘルツェゴビナ国歌』と記されることが多いが、通称として『間奏曲』（Intermeco）と呼ばれることもある。1999年ドゥシャン・シェスティチにより作曲され、翌年新国歌として制定された。それまでは、『ただ一つの祖国』（Jedna si Jedina）が歌われていた。ボスニア出身のシンガーソングライター、ディノ・メルリンによって発表された曲で、ボスニア民謡を元に歌詞が書かれ編曲されているため、国内のボスニア系以外の住民の理解を得ることは難しかった。一方、セルビア系住民はセルビア共和国の国歌『正義の神』を歌い続け、ムスリム系のボシュニャク人は前出の『ただ一つの祖国』を歌っているような状況だった。新しい国歌に歌詞がないのは、民族間の対立に配慮したためであるといわれている。

　ボスニア・ヘルツェゴビナの人口構成を見てみると、ムスリム系約54％、セルビア系約34％、クロアチア系約12％となっている。ボスニア系、クロアチア系住民を主体とするボスニア・ヘルツェゴビナ連邦、セルビア系住民を主体とするスルプスカ共和国、この2つを合わせた連邦国家がボスニア・ヘルツェゴビナである。

　ボスニアの民族音楽セヴダは、ボスニア・ヘルツェゴビナで生まれ、歌い継がれてきた庶民の心の歌＝口伝の民謡である。ポピュラー音楽などの文化も栄え、ポップスと民俗音楽療法の要素を併せ持ったポップ・フォークの人気が高いようである。

　1984年、当時の国家ユーゴスラビアの首都サラエボで冬季オリンピックが大々的に開催された。しかしそれから数年後、ユーゴスラビアは内戦に突入。平和のシンボルであったオリンピックの施設は、サラエボが戦場の最前線となったため、次々と破壊され、墓場と化すなど、その荒廃した映像が世界中に流され、悲しみを深めた。

コラム column　国歌との出会い～想うこと

　国歌は国旗と共に国家の象徴となります。ご縁あって、駐日各国大使館の主催する建国記念日や独立記念日に招かれ、レセプションのオープニングでの歌唱、主催国の国歌と日本の国歌『君が代』と両方続けて歌うことが多いです。また東京都で開催された国体のサッカー総合表彰式（味の素スタジアム）やJOCレスリング協会「天皇杯」（駒沢体育館）の機会に『君が代』を独唱しました。

　国歌は国家の行事と共に、国民的・国際的なスポーツの祭典において、その演奏が恒例となっています。国旗を前に歌われる国歌は、程度の差こそあれ誰もが持っている祖国愛と誇りを心に満たし、そこに集う人々の心に一体感や高揚感をもたらします。

　国歌という音楽を独唱する際には、各々の建国の成り立ちに最大の敬意を払い、高い精神性と品格をもって演奏しなければならないと肝に命じて活動してきました。私はクラシック音楽の歌手なので、美しい音には魂が宿ると信じ、本国の方が認める発音で歌うことを何より大事に思っています。

　2019年のラグビーワールドカップ、2020年の東京オリンピック・パラリンピックがきっかけとなり、国旗や国歌を知ることは、国際理解の第一歩です。

　国歌に興味を持つと、言語や歴史を学び、音源を聴いたり歌ったり、楽譜も読みたくなるでしょう。まさに国語・社会・音楽の勉強です。「相手の想いを乗せた国歌で最高のおもてなしを」という私の提唱を、「2020応援宣言」で、松岡修造氏が熱く、力強く応援してくださっています。

　自国以外のもう1か国を知ること、相手国から自国を見ることがより深く世界を考えるきっかけとなります。

　日本と相手国、私は国歌を歌って、2国間の音楽による架け橋となりたいと思っています。

（新藤昌子）

コラム column　変わりそうで変わらない国旗も

　南太平洋のフィジーはかねてよりイギリス色の強い国旗のデザインを変更しようとして具体案まで出ていたが、2016年のリオデジャネイロ大会でオリンピックに初参加し、7人制ラグビーで優勝し、表彰式で上がる国旗を見、国歌の演奏に感動したバイニマラマ首相が、国旗・国歌の変更を取り止めにした。

　また、ニュージーランドでは2015〜2016年、キー首相が国民投票で敗れて、公約の国旗変更を果たせなかった。

　オーストラリアでも有力な改定案が出されているが、国旗の変更は懸案のままだ。

　イラクは2004年に暫定的な国旗であるとして採択したにもかかわらず、今の国旗を使用し続けている。

　もしかして、スコットランドがイギリスから、カタルーニャがスペインから分離・独立するという事態が起こるかもしれない。国旗や国歌もまた、一寸先はわからないのである。英国旗が変わったら、「ユニオン・ジャック」を取り入れている国旗やイギリス領のIOC加盟地域の旗が将棋倒しのように変わるかもしれない。

　フィリピンの国名は16世紀のスペイン王（後にフェリペ2世となるフェリペ皇太子）に由来するもので、2019年2月ドゥテルテ大統領は国名を「マハルリカ」（気高く誕生した国）にしたいと表明した。国名を変更するには憲法改正が必要であり、かなり至難なことと思われる。フィリピンは2009年国旗の8束の光条を史上屈することのなかったイスラム教徒に敬意を表し、9束にする議案を可決したが、大統領が依然サインしないままになっている。

（吹浦忠正）

ポルトガル共和国
Portuguese Republic

国旗解説

　8世紀の初め、イベリア半島のキリスト教徒はイスラム教徒に屈したが、1139年、アフォンソ1世がイスラム教徒の連合軍を破り、ポルトガルを建国した。紋章の中央にある青い5個の盾はそれを記念したものであり、5つの点はキリストの受難を表している。7つの城は、1252年にアフォンソ3世がそれまでの妃と離婚し、カスティーリャ王アルフォンソ10世の庶出の娘ベアトリスと再婚したことを記念する標であり、イスラム教徒と戦った7つの城に由来する。天球儀は宇宙と、「ポルトガル人によって啓かれた世界地理学」を表す。

　15世紀末にはバルトロメウ・ディアスが喜望峰を発見、バスコ・ダ・ガマがインドに達した。1494年のトルデシリャス条約でスペインとの勢力範囲を決めたものの、さらに、ポルトガル人は1543年、日本に来た最初の西欧人として種子島で鉄砲を伝え、6年後のフランシスコ・ザビエルは西日本各地でキリスト教の布教活動を展開した。国旗にも描かれている天球儀もポルトガル人が平戸や長崎にもたらしたものであり、幕府や薩摩のみならず、幕末の津山藩や土浦藩などで類似の天球儀が作成され、日本における天文学の発達に大きく貢献した。

　かつてのポルトガル植民地ブラジルの国旗にも、天球儀による、南十字星を中心とする星座が描かれているのは、両国の歴史の照合を見る思いがする。

　今でもポルトガル語に由来する日本語の言葉は、パン、天ぷら、ブランコ、ビスケット、ボタン、ジョーロ、イギリス、カッパ、先斗町、カルタ、カルメラ、カステラ、金平糖、コップ、タバコ、ベランダなどたくさんある。

　近年まで、ポルトガルはマカオ、マラッカ、ゴア、モザンビーク、アンゴラなどなど、本国の数倍もの海外領土をもっていた。

　1910年の「十月革命」で王制から共和制に変わったとき、紋章はそのままに、それまでの青と白の二色旗が、赤と緑の二色旗に変わった。緑は希望、赤は「十月革命」の血などを表す。

ポルトガル共和国

国歌解説

　スペインとともにイベリア半島に興ったポルトガルは、中世においてスペインと同様にイスラム化していた。一足早くカトリックによるポルトガル王国が成立し、13世紀にはレコンキスタ（国土回復）を完了した。16世紀の海外進出にあたっては、スペインと世界を二分し、世界の強国であった。1580年からスペインに併合された時期を経て再び独立、その後もブラジル経営を積極化していった。ナポレオン戦争に乗じてスペインに介入したイギリス支配下時には、王族はブラジルに亡命した。1820年に民衆がイギリスを追放、翌年国王が帰国するも、ブラジルの独立で基盤を失い、1910年共和制に移行した。その後も国内政治は軍政により混沌、1933年から長期におよぶサラザールとその後継者による独裁政治が続いたが、1974年のカーネーション革命により民主化へ進んでいった。

　題名は『ア・ポルトゥゲーザ』という。言語はポルトガル語。エンリケ・ロペス・デ・メンドンサ作詞、アルフレド・ケイル作曲。全3節中、第1節が歌われる。「海洋国家」として15世紀から16世紀に栄えたポルトガルが、その座をイギリスにおびやかされ、1890年アフリカにおいてその対立が激化された際、『ア・ポルトゥゲーザ』が誕生した。イギリスへの反抗が歌われる内容だったが、翌年革命軍によって国中に広まり、演奏禁止の憂き目にも合った。しかし、君主制から共和制を望む流れの中で、1911年、国歌として承認された。

　国旗解説でも触れている通り、ポルトガルは日本にとって、ヨーロッパの中でも最も長い友好関係を持つ国である。食文化においても、イワシやタコを食べるなど日本との共通点も多い。

A Portuguesa

Heróis do mar, nobre povo,
Nação valente e imortal,
Levantai hoje de novo
O esplendor de Portugal!
Entre as brumas da memória,
Ó Pátria, sente-se a voz
Dos teus egrégios avós,
Que há-de guiar-te à vitória!

Às armas, às armas!
Sobre a terra, sobre o mar,
Às armas, às armas!
Pela Pátria lutar!
Contra os canhões, marchar, marchar!

公式に歌われる第 1 節を掲載

ア・ポルトゥゲーザ

海の英雄、勇者たちよ
勇敢かつ不滅の国
今、再び甦らんことを
ポルトガルに栄光あれ
記憶の霧の彼方から
祖国よ、聞こえるか
我らに勝利を授ける
偉大な先人の声を

武器を取れ　武器を取れ
陸を越え　海を越え
武器を取れ　武器を取れ
祖国のため　いざ戦わん
大砲に立ち向かい、いざ進め　いざ進め！

ポルトガル共和国　207

歌唱ポイント

　CMソングやポップスでは子どもがすぐに覚えられる歌はヒット曲になりやすいといわれています。リズムのパターンが同じであったり、同じメロディが何度も出てきたりすると、耳に残るからです。そういう意味では、ポルトガルの国歌の前半は少し難しく感じるかも知れません。海の覇者であった先人らに敬意を払い、大海原へこぎ出して行くような雄大なメロディのうねりがあります。

　テンポは Allegro Moderato（アレグロモデラート＝ほどよく快速に）、p（ピアノ）は「弱く」だけでなく、「平淡に」という意味もあり、曲のはじめは力まず「勇敢かつ不滅の国」を歌いましょう。

　少し転調する気配をみせながら、続く「レバンタイ＝再び甦らんことを」は力強く、「オ・シュプレンドール・デ・ポルトゥガル＝ポルトガルに栄光あれ」まで、その国名をしっかり歌い切るといいです。「エントラシュ・ブルーマシュ・ダ・メモリア＝記憶の霧の彼方から」からフレーズが新しくなり、繊細な表現が求められます。「オ・パートリア・センテスィ・ア・ヴオシュ＝祖国よ、聞こえるか」も美しい声で歌いましょう。「祖国」という言葉には、時に涙するほどの想いが込み上げてきます。「我らに勝利を授ける偉大な先人の声を」と続く音楽は、サビのコーラスへ向かう序奏です。「ビトーリア＝勝利」もキーとなる重要な言葉です。曲のテンポとともに、行進曲風に、という曲想を表す用語があります。マーチの音楽には「勝利」という言葉が付きものです。コーラスと書いてあるフレーズの繰り返しの部分では、「アザールマシュ・ソーブレ・ア・テラ・ソーブレ・オ・マール＝武器を取れ　陸を越え　海を越え」から「アザールマシュ・ペラ・パートリア・ルタール＝武器を取れ　祖国のためいざ戦わん」と最高潮に盛り上がりをみせます。

　音楽では高い音や長く伸ばす音を、いい声で聴かせることが大切です。楽曲の構築がしっかりしている名曲、朗々と歌い、感動的に聴かせたいですね。歌い込んでいくほど、その素晴らしさに気づき、耳に残る国歌です。

ポルトガル共和国　**209**

南アフリカ共和国
Republic of South Africa

国旗解説

　南アフリカにはオレンジ自由国、トランスヴァール共和国という2つのオランダ系アフリカーナの独立国と、イギリスのケープ植民地などがあったが、トランスヴァールで金鉱脈が、オレンジでダイアモンドの鉱脈が発見され、ドイツ帝国の植民地が南部アフリカの東西にできてくると、イギリスは第一次（1880～1881）、第二次（1899～1902）のボーア戦争をしかけ、オランダ系の独立国を武力で制圧し、南アフリカに一大拠点を構築した。

　1910年に英連邦の自治領として、南アフリカ連邦の名で新国家として独立した。国旗は、1928年以来、オランダ国旗の影響を強く受けた、オレンジ、白、青の横三色旗の中央の白い帯に、イギリス、オレンジ自由国、そしてトランスヴァール共和国の国旗を小さく並べるという、この国の歴史をそのまま表したようなデザインだった。

　長い間、白人による徹底的した差別が行われていたが、アフリカに次々に独立国が誕生した1960年前後から、これが内外で厳しく糾弾されるようになった。1994年同国始まって以来の全人種参加による大統領と議会議員選挙が行われたが、直前に南ア暫定執行評議会により国旗が改定され、4月27日に制定された。ネルソン・マンデラ（新制南アの初代大統領）の言葉であるレインボーネーション（虹の国）から「レインボーフラッグ」とも呼ばれる。国民の多数を占める黒人を表す黒が大きく登場した。黒、緑、黄は、南アに大変革をもたらしたアフリカ国民評議会（African National Congress）の旗に由来する。緑は農業、赤は真の独立と全人種平等の闘いのために流された血、黄色は豊かな鉱物資源、白は白人、青は南アの空を表すともいわれ、旧宗主国のイギリス、オランダ国旗の3色（赤・青・白）ともいわれている。そのことからアフリカの伝統と歴史を示していると解釈されることもある。

　2015年のラグビーW杯イングランド大会で、世界ランキング3位の南ア（W杯優勝2回）と対戦した13位の日本が34：32で「奇跡の勝利」を実現した。2019年の日本で開催するラグビーW杯はこの国にとって7大会連続7度目の出場となる。

南アフリカ共和国

国歌解説

アフリカ大陸南端の都市ケープタウンは、スエズ運河が開通するまで、古来ヨーロッパとアジアを結ぶ航海の中継地だった。15世紀にポルトガル人が上陸し、1652年にオランダの東インド会社が植民し、以来ヨーロッパ系、アフリカ系、アジア系の混血文化が生まれた。19世紀初頭にイギリス領となった。その後ボーア人と呼ばれるオランダ系住民との対立もあったが、1910年イギリス連邦の自治国となった。金やダイヤモンドの世界的産地であり、アフリカ最大の経済大国として現在に至る。

南アフリカの国歌は『神よ、アフリカに祝福を』と『南アフリカの呼び声』の2曲を連結したものである。言語はコサ語、ズールー語、ソト語、アフリカーンス語、英語からなる世界でも珍しい国歌である。英国歌やドイツ国歌（ハイドン作曲）のメロディに乗せて歌われた国歌もあったが、アパルトヘイトと呼ばれる人種差別が根強い時代、コルネリス・ヤコブ・ランゲンホーフェン作詞、マルティヌス・ローレンス・ド・ヴィリエ作曲の『南アフリカの呼び声』が歌われていた。歌詞はオランダ語から生まれたアフリカーンス語で、のちに英語の歌詞が追加された。

1994年にネルソン・マンデラが大統領になり、アパルトヘイトが撤廃されると、新時代の国歌が望まれた。マンデラ政権時代には、19世紀に黒人聖歌隊指揮者エノック・ソントンガが作った讃美歌『神よ、アフリカに祝福を』が歌われていた。2つの歌を合わせて1つの歌とし、1997年に現在の国歌が出来上がった。美しいメロディに乗せて歌われる南アフリカの国歌にはネルソン・マンデラ大統領の平和への願いがあふれているといえよう。

最も盛んなスポーツはラグビーで、代表チームはスプリング・ボックスとの愛称を持ち、実力は世界のトップクラスである。

Nkosi Sikelel' iAfrika / Die Stem van Suid-Afrika

（コサ語・ズールー語）

Nkosi sikelel' iAfrika
Maluphakanyisw' uphondo lwayo,
Yizwa imithandazo yethu,
Nkosi sikelela, thina lusapho lwayo.

（ソト語）

Morena boloka setjhaba sa heso,
O fedise dintwa le matshwenyeho,
O se boloke, O se boloke setjhaba sa heso,
Setjhaba sa, South Afrika — South Afrika.

（アフリカーンス語）

Uit die blou van onse hemel,
Uit die diepte van ons see,
Oor ons ewige gebergtes,
Waar die kranse antwoord gee,

（英語）

Sounds the call to come together,
And united we shall stand,
Let us live and strive for freedom
In South Africa our land.

神よ、アフリカに祝福を / 南アフリカの呼び声

（コサ語・ズールー語）
アフリカに神の祝福あれ
その栄光の高まらんことを
我々の強き祈りを聞き給え
神よ、祝福し給え　あなたの子である我々を

（ソト語）
主よ、我が国を護り
戦いと苦しみを終わらせ給え
護り給え！　護り給え！
我が祖国、我が祖国、南アフリカ

（アフリカーンス語）
我々の願いは
深海の底から
遥か天まで鳴り響く
いくつもの連なる峰を越えて

（英語）
共に行かんと呼びかける声
団結せよ
祖国南アフリカの
自由のために戦わん

南アフリカ共和国　213

歌唱ポイント

　南アフリカ国歌の感動的な成り立ちは、解説で述べましたが、駐日南アフリカ大使閣下からご教授いただきました。自分の祖国の国歌の歴史を、遠い日本の歌手である私（新藤）に、情熱と誇りを持って語ってくださいました。国旗と並び国家の象徴である国歌には尊厳があり、基本的にはフレンドリーに接するものではないと私は学んできました。世界中で国旗や国歌を持たない国はありませんし、その国の民がほぼ知っている歌であっても、品位を失うこと、敬意を忘れることはあってはならないと思います。南アフリカの国歌を演奏するときは私の提唱する「国歌でおもてなし」の原点に、思いを寄せずにはいられません。

　冒頭はコサ語・ズールー語で、ともに互換性が高い言語です。"Nkosi" と "N" から始まります。この「ン」から始まることが多いのがアフリカ言語の特長です。日本語の「ん」は母音化していますが、口を開けて舌を閉じて言う「N」の位置は日本語の「ん」より高く、続く "ko" にスムーズに息が流れます。元来、教会で静かに歌われていた賛美歌ですが、"Nkosi sikelela"（神の祝福あれ）と、あとにもう一度出てくるタイトルの言葉ははっきりと歌うといいですね。

　アフリカの部族の言語は、カタカナで書いて、それらしく発音することができます。ソト語では "O" の発音がやや浅く、"O" とあっても "U" に近くなることに気をつけましょう。

　"SouthAfrica" で終わるので、効果的に国名を歌うといいです。続く「南アフリカの呼び声」でオランダ語をルーツに持つアフリカーンス語が歌われますが、本国オランダ語の "g" が強いことから "ewige gebergtes" や "gee" の発音は喉に息を強く息を当てる "g" の発音で歌いましょう。"v" は "f" の発音、"w" は "v" の発音で、ドイツ語とも似ています。全体にテンポの変化はなく堂々と歌う国歌です。前半の曲の終りの "South Africa" は慌てず、⌢（フェルマータ＝延長記号）で小休止、エネルギーを持って、後半も新たに歌い始めましょう。「祖国南アフリカの自由のために戦わん」の歌詞をイメージして、crescendo（クレッシェンド＝だんだん強く）して決然と歌い切りましょう。

南アフリカ共和国　**215**

メキシコ合衆国
United Mexican States

国旗解説

　太平洋と大西洋、メキシコ湾に面したメキシコにはかつて、マヤ文明やアステカ文明が栄えていた。しかし、15世紀末からのスペインを中心としたヨーロッパの勢力の到来に際し、武器が著しく劣っていたことなどからこれらの文明は滅ぼされ、スペイン領としてのヌエバ・エスパーニャ（新スペイン）副王領となった。やや遅れて、日本からは、1613年伊達藩の支倉常長の一行がこの国を横断してヨーロッパに向かっている。

　国旗は緑、白、赤の縦三色旗の中央に国章が付いたもの。緑は「民族の運命における国民の希望と独立」、白は「カトリックの宗教的な純粋性」、赤は「国に殉じた愛国者の血と国内諸民族の統一」を表している。

　国旗中央の国章は1325年のアステカの首都「テノチティトラン（現在のメキシコシティ）」がどのようにしてできたかを示している。国章は「鷲が、ヘビをくわえて、湖沼のほとりの岩にはえたサボテンにとまっているところに出会ったら、そこに都を築け」というアステカの伝説に由来するという。

　この3色から成る国旗はイタリア、ハンガリー、ブルガリア、イラン、タジキスタン、そしてメキシコと、青、白、赤の3色に比べ少ない。

　メキシコの国旗は国章がなければイタリアの国旗と区別がつかないので、必ず、紋章付きの国旗を使う。

　独立とともに、1821年11月2日に国旗を制定して以来、メキシコの国旗は何度か変更されているが、現在の国旗になる前（1934年〜1968年）までは、リースの部分が上に大きく伸びていた。1964年の東京オリンピックではそのような国旗を使用したが、1968年10月12日からのメキシコシティ・オリンピックを前に、9月16日に現在の国旗のように、リースを半円状に小さくし、鷲、ヘビ、サボテンがより目立つデザインに変更になった。

国歌解説

　古来マヤ文明で知られ、15 世紀頃にはアステカ帝国なども栄えたが、1492 年コロンブス新大陸発見に続き、1519 年スペイン人コルテスがメキシコ上陸、1521 年アステカ帝国は滅亡し、スペイン領となる。過酷な植民地支配や銀山経営はスペインの繁栄をもたらすと同時に、メキシコは疲弊した。19 世紀に入り、ヨーロッパにおけるナポレオンの登場とスペインとフランスの対立などをきっかけに 1813 年独立宣言。やっとの思いで 1821 年独立するも 1846 年に勃発した米墨戦争によりアメリカに国土の 3 分の 1 近くを割譲した。その後もヨーロッパ諸国の干渉や、国内の政変、労働運動など、混乱は続いた。第二次大戦後は制度的革命党の一党独裁による順調な経済発展も見られ、1968 年のメキシコシティ・オリンピックを迎えた。その後はやや政治的に混迷が続き、一党体制が崩壊して現在に至っている。

　国歌の題名は『メキシコ国歌』、言語はスペイン語。1853 年アントニオ・ロペス・デ・サンタ・アナ大統領の命により、公募によるコンクールで詩人フランシスコ・ゴンザレス・ボカネグラの作品が選出された。翌年、スペイン出身のメキシコ軍音楽隊長のハイメ・ヌノ・ロカが書いた曲が同じくコンクールに優勝し、メキシコ国歌が誕生した。

　通常の演奏はコーラス＋1 節＋コーラスだが、コーラスをつけた 1・5・6・10 番の全 4 節を演奏するのがフルバージョンである。

　世界最大のスペイン語文化圏であるだけに、メキシコの音楽はヨーロッパの伝統が強く、クラシック風の名曲、ギター合奏やトランペット、ヴァイオリンによるマリアッチ（中米ラテン音楽）やバンダ（バンド）音楽は世界的に有名である。スポーツではサッカー FIFA ワールドカップの常連国。

Himno Nacional Mexicano

Mexicanos, al grito de guerra
El acero aprestad y el bridón,
Y retiemble en sus centros la tierra
Al sonoro rugir del cañón.
Y retiemble en sus centros la tierra
Al sonoro rugir del cañón.

Ciña ¡oh Patria! tus sienes de oliva
De la paz el arcángel divino,
Que en el cielo tu eterno destino,
Por el dedo de Dios se escribió;
Mas si osare un extraño enemigo,
Profanar con su planta tu suelo,
Piensa ¡oh Patria querida! que el cielo
Un soldado en cada hijo te dió.

Mexicanos, al grito de guerra
El acero aprestad y el bridón,
Y retiemble en sus centros la tierra
Al sonoro rugir del cañón.
Y retiemble en sus centros la tierra
Al sonoro rugir del cañón.

第 1 節を掲載

メキシコの国歌

メキシコ国民よ　戦争の叫びに
車輪と馬勒(ばろく)を用意せよ
轟(とどろ)く大砲に　大地の中心も揺れ動く
轟く大砲に　大地の中心も揺れ動く

我らが祖国よ！　神々しい平和の大天使が
汝の頭上にオリーブの冠を授けるだろう
それこそ神が綴(つづ)りし　汝の永久の定め
汝の地を汚す外敵現われし時は
最愛なる祖国よ　想起せよ
天は汝の息子たちを皆
兵士として授けたことを

メキシコ国民よ　戦争の叫びに
車輪と馬勒を用意せよ
轟く大砲に　大地の中心も揺れ動く
轟く大砲に　大地の中心も揺れ動く

メキシコ合衆国　219

歌唱ポイント

　メキシコの国歌は、楽曲としてよくできていると思います。A→B→Aという三部形式で構築されており、Aのメロディが印象的に人の耳に残ります。「行進曲風の、勇敢な」という意味が曲想に書かれているmarziale（マルツィアーレ）です。Andante（アンダンテ）「歩く速さで」ぐらいの速度で、メキシコの民が戦士となる歩みを、勇ましく、力強い2拍子で表現しましょう。曲頭のコーラスAの部分は繰り返され、躍動感を表す付点のリズムが多用されています。4小節目の「イ・レティエンブレ〜＝大地の中心も揺れ動く」のフレーズは、1度目の音程が意味深長に聴こえる半音階で書かれています。バロック時代の「修辞学」には、音楽における音程の意味が書かれており、半音階は「苦難の歩み」とあります。丁寧に音程を取りたいところです。繰り返される2度目は堂々と立ち向かうエネルギーに溢れています。Bの部分では一転、音楽が変わり、1・5・6・10節の歌詞がつきます。

　1節「我らが祖国よ！　神々しい平和の大天使が汝の頭上にオリーブの冠を授けるだろう」の出だしは打って変わって穏やかに、ハ長調のキャラクターは昔から「白」のイメージといわれていますが、メキシコの国旗の中央の色でもある白色のイメージを持って歌うのもいいでしょう。

　"Mas si osare"「マッスィオサーレ〜＝汝の地を汚す外敵現われし時は〜」から見事に、自然に転調されており、楽曲にアクセントを加えています。歌詞の意味を覚えて表現することは当然ですが、どのような音に乗せて歌うか、音楽の構築に注目しましょう。音楽の進行を感じながら、各フレーズの特色を言葉からも考えていきます。発音の、明暗、強弱、緩急の変化を持って表現することが上手に歌えるポイントです。すべての国歌に共通することであり、音楽家の私（新藤）はそこを大切に指導していきたいと思っています。

メキシコ合衆国　221

ロシア連邦
Russian Federation

国旗解説

　日本の45倍もの広大な面積を持つロシアであるが、最初から広大で強大な国であったわけではない。9世紀の末、ノルマン系のルーシと呼ばれた一群が、今のサンクトペテルブルクのややモスクワ寄りのあたりのノブゴロドにクレムリン（砦）を構築したのが、始まり。それが、ドニェプル川中流に進出して、今のウクライナの辺りにキエフ公国として建国。これが、現在のロシア、ウクライナ、ベラルーシの濫觴となった。しかし、13世紀にモンゴルのバトゥの遠征軍によって制圧された。

　1697年、ロシアの若き皇帝ピョートルは自国の近代化を図ろうと、オランダ、イギリス、ドイツ諸国を訪問し、諸制度から生活、風俗に至るまで各国の事情を自ら学んだ。その際、造船を学んだオランダで同国の国旗に感動、配色を変えてロシアの国旗として採用したという言い伝えがある。

　しかし、①1668年に白、青、赤の3色の旗があった、②当時のオランダの国旗はオレンジ、白、青の三色旗であり赤は入っていなかった、③青いマントに銀色の鎧を着て白馬に乗った聖ゲオルギウスが赤い地面を駆けて竜を退治しているロシアの紋章の3色に由来する、④3色はロシアの守護聖人、生神女マリアのローブに由来するといった説もある。

　1917年のロシア革命でニコライ2世と家族が殺害されたのち、周辺諸国を包含して、1922年にソヴィエト連邦（ソ連）が成立すると、ロシア帝国の「三色旗」（現在のロシア国旗）は廃止され、農民を意味する鎌、労働者を意味する鎚、そして共産主義革命が世界に拡大する象徴としての「黄色で縁取られた赤い星」を赤旗のカントンに配したソ連国旗が採択された。

　およそ70年続いたソ連であったが、1991年12月25日に崩壊し、同日モスクワのクレムリンで、ソ連国旗が降納され、劇的に、帝政時代の国旗と入れ替わった。

ロシア連邦

国歌解説

題名は『祖国は我らのために』、言語はロシア語。歌詞は3節まである。ロシア最初の国歌は、英国歌『神よ女王を護り給え（God Save the Queen）』と同じメロディの皇帝賛歌とされている。1833年ニコライ1世が『神よ　ツァーリ（皇帝）を護り給え』を国歌と制定し、1917年頃まで歌われた。ロシア革命期には、フランス人によって作られ、のちの日本でも流行した労働歌『インターナショナル』をロシア語の歌詞に置き換え、歌われていたこともあった。

1944年第二次世界大戦（大祖国戦争）の末期、ヨシフ・スターリンが新たにコンペを開催し、採択されたのが『ソビエト連邦国歌』である。作詞はセルゲイ・ミハルコフとエル＝レギスタンの共作、レーニンをたたえるものだった。作曲は高名な赤軍合唱団の創設者アレクサンドル・アレクサンドロフ。1956年、フルシチョフ演説でスターリンが批判されてから約20年間はメロディのみを演奏する国歌であった。1977年、作詞者の1人ミハルコフは、スターリンの名を削除するなど改作し、新たに歌詞付きの国歌に戻った。

1991年ソ連崩壊後、ロシア連邦のボリス・エリツィン大統領は、「ロシア音楽の父」といわれるミハイル・グリンカ作曲のピアノ曲『愛国歌』を国歌に採択した。しかし、歌詞がないこともあってあまり普及せず、その後、公募により歌詞がついたが浸透しなかった。その後、ウラジーミル・プーチン大統領が、かつての『ソビエト連邦国歌』を『ロシア連邦賛歌』と改称、ミハルコフがレーニンの名を削り、加筆修正し、愛国心にあふれる現在の歌詞が確定した。国歌の歴史の中で、同じ人物が何度も歌詞を書き直すケースは、ほかに例をみない。

Гимн Российской Федерации

Россия - священная наша держава,
Россия - любимая наша страна.
Могучая воля, великая славаs -
Твоё достоянье а все времена!

Славься, Отечество наше свободное,
Братских народов союз вековой,
Предками данная мудрость народная!
Славься, страна! Мы гордимся тобой!

全3節中、第1節を掲載

祖国は我らのために

ロシア　我らが聖なる国よ

ロシア　愛しき祖国

力強き意志　偉大な栄光

永遠に誉れ高くあらん！

讃えよ　我らの自由なる祖国を

幾世にわたる同胞の結束を

先祖より授かりし民の英知を！

祖国よ　永遠なれ　我らが誇り！

ロシア語のアルファベット表記で掲載

歌唱ポイント

　2018年1月31日、駐日ロシア連邦大使館において「新春日ロ交流のつどい」が催されました。文化プログラムの後、日ロ交流の宴のオープニングは両国の国歌演奏でした。私（新藤）は日本にロシアの公館が開設されて以来、ロシアの大（公）使館において『君が代』を独唱した最初の日本人になったようです。たいへん光栄なお役目と身の引き締まる想いで歌い、感慨にひたりました。ロシアの国歌は民族衣装を着た、大使館職員の子どもたちによる女声合唱ですばらしい演奏でした。旧ソ連下の国々は合唱大国が多く、1人ひとりの美声が誰ひとりとして突出しない、徹底したチームワークの賜物は感動を呼びます。

　ロシアの国歌の冒頭は主和音が響きます。続いて「ロシア　我らが聖なる国、ロシア　愛しき祖国よ」と始まり、行進曲風ではあるけれど重厚な歩みです。続いて「力強き意志　偉大なる栄光　永遠に誉れ高くあらん！」と歌われ、音楽も言葉もスケールの大きさを感じさせます。

　楽曲のリズムに統一感があり、パターン化して素朴なハ長調のメロディは耳に残ります。ロシア語は発音の深い言語で、日本語を母国語にしている者にとっては、かなり「Ｏ＝オ」の位置を意識的に喉の奥に置くことが大切です。「Ｏ＝オ」は深い母音、「Ｉ＝イ」は浅い母音ですが、「Ａ＝ア」を発音するときに、「Ｏ＝オ」に近い「Ａ＝ア」としましょう。

　コーラスの部分は「讃えよ　我らの自由なる祖国を」から「祖国よ　永遠なれ　我らが誇り！」と歌われますが、名曲中の名曲といわれる美しくも哀愁漂うメロディは、時を超えて、多くの人々に愛されています。

　作詞したセルゲイ・ミハルコフは、アレクサンドロ・アレクサンドロフ作曲のこの名曲に通算3回歌詞を書き直したことになります。時代の政局によって、言葉は書き換えられましたが、世界共通の言語ともいうべき音楽の力は、時代を超えて人々の心に響いて来ます。厳しい大自然、広大な北の大地に想いを馳せ、エネルギッシュに歌い上げましょう！

ロシア連邦　227

オリンピック賛歌
Olympic Hymn

『オリンピック賛歌』は、オリンピック競技大会の開会式や閉会式等の式典やＩＯＣ（国際オリンピック委員会）総会などで、ＩＯＣの「国歌」のような扱いで演奏される曲。作詞はコスティス・パラマス、作曲はスピロ・サマラス、２人ともギリシャ人であり、クーベルタンが中心になって近代オリンピックとして、1896年4月6日にアテネで開催された第1回オリンピック競技大会の開会式で初演された。

しかし、その後、楽譜が消失したため、大会ごとに別の曲が賛歌のような扱いで演奏されたり、その種の曲は何も演奏されなかったり、競技大会そのものが開かれなかったりして、オリンピックとこの「賛歌」にとって、苦難の時代が続いた。

1958年、東京で第54次ＩＯＣ総会が開かれるのを前に、消失したと見られていたこの曲の楽譜が見つかったと、ギリシャのＩＯＣ委員から、当時、東京都知事であった東 龍太郎ＩＯＣ委員に知らせがあり、楽譜が届けられた。

ところが、この楽譜はピアノ演奏用で作曲者サマラスが手書きで記したもので、検討の結果、ＪＯＣ（日本オリンピック委員会）は、ＮＨＫを通じて、作曲家の古関裕而（1909～1989）に依頼し、オーケストラ用に編曲した。古関は旧制福島商業でハーモニカに夢中になり、縁あって、リムスキー＝コルサコフの弟子で仙台に在住の金須嘉之進に師事して、作曲を学んだ。金須はロシア正教徒で、ロシア革命以前のペテルブルクの聖歌学校に留学し、リムスキー＝コルサコフから管弦楽法を学んだのが、本格的な音楽の修行をしただけの非凡なる才能の人物だ。

古関は1931年『紺碧の空』（早稲田大学応援歌）の作曲でデビューし、1935年『船頭可愛いや』が大ヒット、1936年、『六甲颪』、1937年の『露営の歌』以後は、もっぱら軍歌の作曲で知られ、戦後は、『白鳥の歌』『とんがり帽子』『栄冠は君に輝く』『フランチェスカの鐘』『長崎の鐘』『イヨマンテの夜』『ニコライの鐘』『君の名は』『ひめゆりの塔』『高原列車は行く』といった歌謡曲や愛唱歌を世に送った。

ピアノ譜からオーケストレーションしてスコアを完成、昭和天皇のご臨席のもと、1958年5月14日、東京でのＩＯＣ総会開会式で、アベリー・ブランデージＩＯＣ会長以下各国のＩＯＣ委員たちを前に、ＮＨＫ交響楽団がこれを演奏、全ＩＯＣ委

員が日本の善意と曲と演奏のすばらしさに感激、以後、古関が編曲したスコアを公式に『オリンピック賛歌』と認定した。このことも翌年の、ミュンヘンでのIOC総会で1964年の東京招致に有効に働いたと思われる。

　その後のオリンピック競技大会では、1992年のバルセロナ大会でプラシド・ドミンゴが歌ったように、各国語の歌詞で超一流の歌手や子供が独唱したり、あるいは合唱団が演奏したりしている。

　1964年東京大会以降、札幌、長野の両冬季オリンピックでは野上彰（1909～1967）訳詞の日本語の歌詞のものが使用されてきた。野上は抒情歌『落葉松』の作詞（作曲は小林秀雄）で知られ、ボブ・ディランの『風に吹かれて』の訳詞もしたが、東大や京大で学んだ囲碁記者が本業であった人。

　　　　大空と大地に　清気あふれて
　　　　不滅の栄光に輝く　高貴と真実と
　　　　美をば造りし　古代の神霊を崇めよ
　　　　すべての競技に　奮い立てよ
　　　　緑の枝の栄冠を　目指してここに
　　　　闘う者に　鉄のごとき力と
　　　　新たなる精神とを　与えよ
　　　　野山も海原も　今こそ煌く
　　　　真紅と純白の神殿に
　　　　世界の国民　四方の国より
　　　　聖なる園に　集いきたるは
　　　　古き昔の　永遠なる精神の
　　　　御前にひれ伏すためぞ

　1984年のサラエボ冬季オリンピックの開会式では、『オリンピック賛歌』をセルビア・クロアチア語で合唱中、五輪旗を上下逆に掲揚するアクシデントが起こった。2016年のリオデジャネイロオリンピックでは英語版の歌詞で、少年少女合唱団が奉唱した。2017年10月28日、2020年の「東京五輪まであと1000日」の記念式典（毎日新聞社主催）では、全社屋を206のIOC加盟国旗（吹浦忠正監修）で覆う中での式典で、新藤昌子が『オリンピック賛歌』を独唱した。

あとがき

　世界の国旗に初めて興味を持ったのは、小学校4年生のときでした。メキシコの国旗には「ヘビ」が出てきます。隣家の庭で青大将を見つけて以来、ヘビが苦手だったのに、「鷲が蛇を咥えてサボテンに停まっている様子を見たらそこに都を築け」というアステカ文明の神話によって首都ができ、それを描いた紋章だということを知って興奮し、当時もよくあった世界地図の周りを囲む各国旗を眺めていました。そんなある日、「北ヨーロッパの国々の国旗はどうしてみな同じような十字架の形なのですか」と担任の教師に尋ねました。「それはいいところに気付いたね。でも、国旗も大事だけど、国語、算数、理科、社会をしっかりやらないとね」。

　今になってみると回答を躱しただけだったのかもしれませんが、生来の素直な性格（だった）ゆえ、教科にまじめに取り組みました。すると、国旗がいよいよ楽しくてしょうがなくなってしまったのです。いうまでもなく国旗には、その国の理想、信条、神話や伝説、宗教、民族構成、政治、経済、産業、歴史、地理的位置、誇るべき世界遺産、動植物、国標……が集約されています。思わぬところに共通点や見落としていた深い意味が見えてきたりするのです。爾来70年、国旗での思わぬ発見に、大小の興奮を感じるのが、日常になりました。

　大学に入るや自分で国旗について思うことを書き綴ってみました。それが日本赤十字社の橋本祐子先生の目に留まり、「国際親善の一環として、各国赤十字社との間で、国旗交換というプロジェクトにしましょう」ということでボランティアとしてこれを担当しました。各国赤十字社は予想以上に、積極的に協力してくれ、憲法や国旗法、関係の政府公刊資料、そして実物を送ってくれたのです。アメリカ赤十字社は1960年7月4日（独立記念日）に、ハワイの州昇格で初めて50星になったその日に上院に掲げられた「星条旗」を送ってくれました。「好きなことで英語を勉強しなさい」という橋本先生の励ましで、各国からの資料が届くと、辞書を引きひき、翻訳に明け暮れたのでした。

　日本ユネスコ協会連盟がそれをユネスコ新聞に連載し、『世界の国旗』の題

Afterword

で小冊子にまとめて出版してくださり、平凡社がすばらしい書籍にしてくれました。

そんなとき、1964年のオリンピック東京大会組織委員会から電話があり、突然、今では迎賓館となっている旧赤坂離宮の一室で、田畑政治事務総長、松沢一鶴事務次長の前に座らされました。「日赤、ユネスコ、外務省から推薦があった。国旗の専門家だとか。では、訊くが、英国旗〈ユニオンジャック〉の付いている旗はどこの国かね」。田畑総長は上から目線の早口で続けてきます。こちらは生意気盛りの大学2年生。失礼なことを訊いてくるな、このオヤジ（と内心）。「バハマ、バーミューダ、バルバドス、英領ギアナ、北ローデシア、ローデシア、香港…」「ん？」、お二人は顔を顰められました。「ええ、もちろん、カナダ、オーストラリア、ニュージーランド、南アフリカ、そうそう、ハワイの州旗にも〈ユニオンジャック〉が付いていますが」「わかった、わかった。とにかく正しい国旗を間違いなく揚げてくれ。1枚でも逆さまに揚げたら、あのオリンピックは国旗で大失敗をしたとなるからね」。松沢次長も言葉を継いで「私は1958年のアジア大会のとき、表彰式で中国（中華民国）の国旗を逆掲揚して、田畑さんと謝りに行って土下座したんだ。そんなことをしたことがないんで、靴を履いたままやったもんだから捻挫してね」。

松沢次長はさすが都の教育長までやった方。うまくまとめてくださった。責任をずしりと感じたのでした。それから2年余、期待通り、任務を果たしたとは思うが、どうだったのか。そしてその後、札幌、長野、次期東京と日本での4回のオリンピックに深くかかわることになりました。

ところで、話は先年のこと。JICA（独立行政法人国際協力機構）を介して、新藤昌子さんという「国歌の専門家」を知りました。すぐに家族ぐるみでお付き合いをはじめ、そのすごさに舌を巻いている。およそ100か国もの国歌をその国の言葉ですぐ歌えるオペラ歌手。先日は、赤坂ロータリークラブでの卓話で、30分間に9か国語で10の国歌を歌い、ご自分で解説し、会場のみな

231

さんが絶句しました。

　私は江東区の全70の小中学校で「世界の国旗と国歌、聴こう、知ろう、歌おう！」という「出前授業」をご一緒にやってきたので、今では驚きませんが、児童・生徒、教職員、保護者のみなさんが、「吹浦の解説はもういいから、新藤先生、もっと歌ってほしい」と真顔で迫ってくる（と感じるのは私の僻みか）のです。最後は、わずか6、7年で消えた初代の『君が代』（フェントン作曲）を私が歌い、会場の全員で今の『君が代』（奥好義作曲）を斉唱して終わります。調布、八王子、新橋、赤坂など都内ではもとより、札幌、所沢、神戸、広島、宇和島、オリンピック担当大臣室、福岡県町村長会研修、日本オリンピック・アカデミー、神戸のクルージング船コンチェルト号、全国各地のロータリークラブなどでも同様に行い、自画自賛するようでなんですが、おかげさまでご好評をいただいています。

　国旗・国歌は国際理解の第一歩、さらに学び、歌い、広めたいと念じています。

令和元（2019）年盛夏

吹浦忠正

参考文献

『ブリタニカ国際大百科事典』(ティビーエス・ブリタニカ)
『ニューグローブ世界音楽大事典』グローヴ著 (講談社)
『世界の歴史』(河出書房)
『最新世界各国要覧』(東京書籍)
『世界各国史』(山川出版社)
『西洋文化と音楽』P.H. ラング (音楽の友社)
『世界の国歌全集　初版～5版』高田三九三 (共同音楽出版社)
『世界の国歌総覧』M.J. ブリストウ (悠書館)
『Nationalhymnen National Anthems』(Schott Music)
『世界の国歌・国旗大事典』弓狩匡純 (くもん出版)
『国のうた』弓狩匡純 (文藝春秋)
『フットボール de 国歌大合唱！』いとうやまね (東邦出版)
『国旗・国歌の世界地図』21世紀研究会 (文春新書)
『国歌斉唱』新保信長 (河出書房新社)
『世界の国歌』国歌研究会 (ワニマガジン社)
『世界の国歌116曲集』(共同音楽出版社)
『50 NATIONAL ANTHEMS』(WISE PUBLICATIONS)
『初代「君が代」』小田豊二著 (白水社)
『元祖「君が代」作曲者に光』今村朗 (日本経済新聞 文化面)
『「君が代」日本文化史から読み解く』杜こなて (平凡社新書)
『ふしぎな君が代』辻田真佐憲 (幻冬社新書)
外務省ホームページ　他

巻頭の別丁の絵について

『Musica del Vento』(邦題『風のささやき』)
作：平澤篤 (100号F)

2014年南イタリアを取材、中世イタリアの廃墟の教会の祭壇がモチーフとなっています。モデルは筆者（新藤）の娘です。ふくろうは古くから学芸・知恵の象徴として美術作品に登場してきました。フルートに止まっているふくろうは驚くほど軽く、イメージ通りの構図となった、と主人自ら、話してくれました。2015年白日会 第91回展 内閣総理大臣賞受賞作品（国立新美術館）。

平澤篤（ひらさわ あつし）
洋画家・白日会会員　2018年10月10日永眠

吹浦忠正（ふきうら ただまさ）

1941年、秋田市生まれ。1964年のオリンピック東京大会組織委員会をはじめ、札幌、長野を含む日本で開催したすべてのオリンピックで国旗や儀典に関わり、「東京2020」では組織委国際局アドバイザー。国際赤十字海外駐在代表、難民を助ける会副会長（現・特別顧問）、埼玉県立大教授（政治学）などを経て、現在、評論家、ユーラシア21研究所理事長、献血供給事業団監事、協力隊を育てる会参与、日本国際フォーラム評議員、東京コミュニティカレッジ理事、法務省難民審査参与員、東京ニューシティ管弦楽団理事など。
2018年度からの6年生用教科書『道徳』（日本文教出版）「東京オリンピック 国旗にこめられた思い」で1964年当時の著者が紹介される。国旗関係の著作は、『世界の国旗ビジュアル大事典』（2013年、学研）『国旗で読む世界史』（2017年、祥伝社新書）『オリンピック101の謎』（2018年、新潮文庫）をはじめ多数。NHK大河ドラマ『いだてん〜東京オリムピック噺〜』では国旗考証を担当。NHKのHPで208のオリパラ参加予定国・地域の旗とその解説を掲載する。NPO法人世界の国旗・国歌研究協会を立ち上げ、新藤とともに共同代表。

新藤昌子（しんどう まさこ）

桐朋学園大学音楽学部声楽科卒業、同研究科修了。在学中より、内外の現代音楽作品を多数初演、毎日（現在、日本）音楽コンクール作曲部門作品演奏者を務める。1988年モーツァルト作曲歌劇『魔笛』童子I役でオペラデビュー後、二期会オペラ講座「ルル」、東京室内歌劇場文化庁公演『うたよみざる』『みるなの座敷』、現代音楽協会モノオペラ『赤ずきん』をはじめ古典から現代まで多くのオペラやコンサートに出演。2008年より駐日大使館との繋がりから、式典に招かれ国歌を独唱、朝日新聞「ひと」欄・JICA広報誌『mundi』にて紹介される。メディアでは『題名のない音楽会』『サンデーLIVE2020 応援宣言』、NHK-BS他に出演。現在二期会・東京室内歌劇場会員。NPO法人世界の国旗・国歌研究協会共同代表。CIFA（調布市国際交流協会理事）。世界100か国近い国歌を原語で歌えるという国歌の専門家。

新垣　隆（にいがき たかし）

東京都出身、4歳よりピアノを始める。千葉県立幕張西高校時代、"自身の曲をアマチュア・オーケストラが演奏し、自ら指揮する"機会を得てドビュッシーや武満徹的要素を交えた曲をつくる。1989年桐朋学園大学音楽学部作曲科に入学。卒業後は桐朋学園大学の非常勤講師を務めながら作曲家兼ピアニストとして活動する。
現代音楽の作曲を主とする一方で映画、バレエ、CM音楽の作曲・編曲も数多く手掛ける。2015年10月「ピアノ協奏曲新生」、2016年8月「交響曲連祷Litany」を発表。最近はテレビ、ラジオ番組に出演するほかさまざまなジャンルの音楽家と共演し活動の幅を広げている。作曲を南聡、中川俊郎、三善晃、ピアノを森安耀子ら、各氏に師事。

（中央）吹浦忠正
（右側）新藤昌子
（左側）新垣隆

サウンドシティ世田谷にて

翻　　訳	新藤昌子とその仲間たち
翻訳協力	バイリンガル・グループ
	相知美和子
編集協力	中山祐子
	青木義和
	飯塚俊哉
	パイナップル・スタジオ・グラフィック
	現代用語の基礎知識 2019
音楽制作	カンパニーイースト
	サウンドシティ世田谷
	オーブライト マスタリングスタジオ
デザイン	合原孝明（ThrustBee Inc.）
編　　集	斎藤俊樹　大野由紀尋

CD付
オリンピックでよく見るよく聴く国旗と国歌

2019年9月30日　第1刷発行

著　者	———	吹浦忠正　新藤昌子

発行者	———	前田俊秀
発行所	———	株式会社三修社

〒150-0001　東京都渋谷区神宮前 2-2-22
TEL 03-3405-4511　FAX 03-3405-4522
振替 00190-9-72758
https://www.sanshusha.co.jp/

印刷製本所	———	日経印刷株式会社
CD製作	———	高速録音株式会社

©T. fukiura, M. Shindo, COMPANYEAST 2019
Printed in Japan
ISBN978-4-384-05105-6 C2025

JCOPY 〈出版者著作権管理機構 委託出版物〉
本書の無断複製は著作権法上での例外を除き禁じられています。複製される場合は、
そのつど事前に、出版者著作権管理機構（電話 03-5244-5088 FAX 03-5244-5089
e-mail: info@jcopy.or.jp）の許諾を得てください。

ペルーの国旗は国連や大使館をはじめ、正式には中央に紋章の付いたものを掲げます。但し、オリンピックでは近年、紋章を付けない市民用の旗を使用しているので、本書もそれにならいました。

株式会社自由国民社『現代用語の基礎知識』の協力により、国連加盟国、日本政府が承認している国、日本と縁が深い台湾とパレスチナの旗を掲載。また、「東京2020」にはIOC加盟の206の国と地域のほか、オリンピックには参加しないが、パラリンピックには参加する澳門（マカオ）とフェロー諸島（デンマーク領）の選手団が参加する予定である。